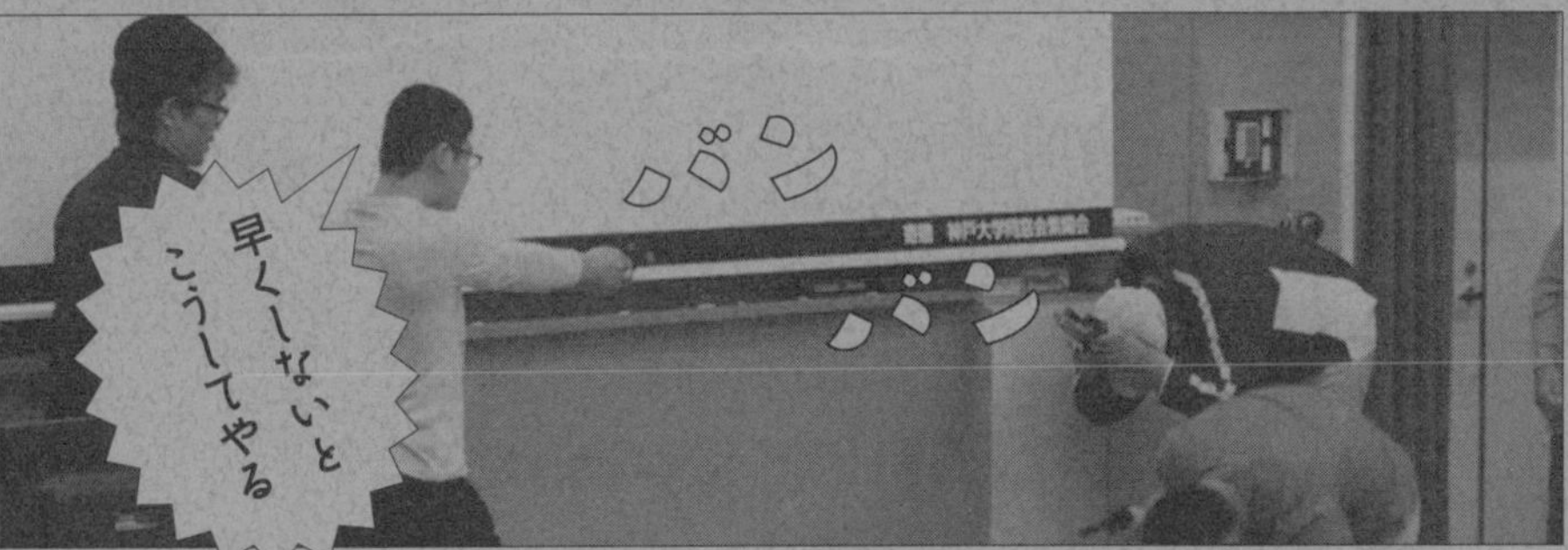

警官に怒りくるう人質、出番のない犯人の行く末は！　続きはDVDで

HUMOR SYMPO KOBE PERFOR

ユーモア的即興から生まれる表現の創発

発達障害・新喜劇・ノリツッコミ

赤木和重 編著

砂川一茂×岡崎香奈

村上公也×麻生　武

茂呂雄二

クリエイツかもがわ
CREATES KAMOGAWA

はじめに

赤木和重
Kazushige Akagi

1 特別支援教育へのモヤモヤ

特別支援教育に関する研究会や学会に参加すると、いつも「なんだかちがう、なにかがちがう」と感じます。特に教育実践に関する発表を聞くと、モヤモヤします。

どの発表も、間違っているわけではありません。むしろ正しく論理的です。「PDCAサイクル」「包括的支援プラン」「カリキュラム・マネジメント」など最新の知見や支援方法を取り入れた発表も多くあります。すごいなと思うし、学ばないといけないと思うのですが、しかし、一方で、自分の心の中で、何かがモヤモヤします。

3つ、モヤモヤ〜っとします。

1つ目は、計画通りの実践が大事にされすぎていることです。研究会や学会で教育実践に関する発表を聞くと、ほとんどが次のようなパターンです。「最初に子どもに心理検査を実施して正確にアセスメントをする。そして、その結果をもとに『伸ばすべき』スキル（例：買い物ができる）や能力（例：「心の理論」）を設定する。そして、そのスキルや能力を子どもに獲得させるために、『よい』と評価されている教育方法を適用して教える。その結果、目標としたスキルや能力を子どもに獲得させた。万歳！」という流れです。個々の実践発表の内容は違うにもかかわらず、不思議と、発表の語り方は、ほとんど同じです。

このような手続きを経て計画通りにいった実践はよいとされます。つまり、「買い物ができる」と目標を立て、その通りになったら「よい実践」と評価されます。しかし、計画通りに進む実践が、ほんまによい実践でしょうか？

計画通りにいくことは、言い換えれば、「教師の考えた通りに子どもが動いている」だけです。教師が、実践当初は予想もできなかった素敵な子どもの姿を引き出せていないことを意味しています。

計画を立てることがダメだというわけではありません。むしろ必要です。ですが、大事なのは、計画を立てることや計画通りに進めることではなく、計画を立てることで、大人が予想もしえなかった子どもの姿を引き出すことです。計画通りにいかない計画を立てるという視点が、既存の教育実践研究に欠落しています。

2つ目は、つまらないところです。どの発表を聞いても、ここだけの話、ワクワクしないのです。先の「計画通り至上主義」とも関係します。計画通りにいくことは、「すごい」し「論理的」で「正しい」です。でも、一方で、「次はどうなるのだろう」といったドキドキワクワクはありません。ハプニングのない旅がつまらないのと同じように、計画通りだけを重視すると、教育実践がつまらないものになってしまいます。

もっとも、ここでいう「つまらない」というのは実践そのものではありません。楽しい授業はたくさんあります。でも、こと発表にると、つまらなくなるのです。このことは、現在、エビデンスが重視されていることと関係します。ワクワクやドキドキといった楽しさは、数値化しにくく、かつ、主観的なものだとして、教育実践の脇においやられるようになってきています。楽しさは、「椅子に2分30秒間、座ることができる」といったように客観的な記述ができないからです。

確かに楽しさは、計画的な実践には必要ないかもしれません。客観的な評価になじまないかもしれません。でも、私はそうは思いません。むしろ、教育実践の核にあるのは楽しさだと確信しています。子どもが「あ〜、今日も楽しかった」と終わりの会で言ってくれたら、教師は本当にうれしいと思います。疲れや苦労もふっとぶでしょう。子どもが毎日、ドキドキワクワクして授業を受けてくれたら、極端に言えば、発達しなくても、それで、幸せだと私は思います。もちろん、急いで断っておきますが、毎日楽しんで勉強すれば、ほとんどの場合、子どもは「結果として」スキルや能力を獲得していきます。

楽しさは、教育の添え物ではありません。子どもの中心に、子どもと教師の関係の中心に、授業の中心に、礎としておかれるべきものです。

3つ目は、教育目標が「スキル」や「能力」に焦点化されていることです。どの実践を聞いても、「買い物スキルを身につける」「心の理論の獲得を目指す」といったスキルや能力を身につけることばかりです。そして、「遊び」「授業」といった活動は、そのための手段になりさがっています。しかし、実のところ、先生は「3歳児における他者の心的状態の理解を発達させるために、ごっこ遊びをしましょう」

と考えるでしょうか。なにより当の子どもは「今日は、ごっこ遊びをして、心の理論をアップさせちゃうぞ〜」と思っているでしょうか。

ほとんどの先生は「この遊び、子どもが我を忘れるくらいにごっこ遊びを楽しめたら」と願うのではないでしょうか。子どもは「この遊び、とっても楽しい！」と感じたいはずです（正確には発達の時期にもよりますが）。これらは、スキルや能力の向上というよりも、「活動（遊び・学び）に夢中で参加する」といった、活動への参加・没頭そのものを目標にしています。もちろん、能力やスキルの向上は大事です。ですが、「いま・ここ」に生きる子どもは、きっと、今この活動を楽しみたいと思っているはずです。

このような流れは、研究会や学会などでの発表に限りません。このような発表が「よい」と評価されるにつれて、日々の学校の授業でも、この3つの視点が浸透しつつあります。

2 神戸大学でのシンポジウム

このように、「なんだかちがう、なにかがちがう」とモヤモヤしていました。もちろん、計画通り進めることや、能力・スキルの向上を全否定するわけではありません。でも……。

その中で、「そうそう！」と思う実践に出会うことができました。砂川一茂さんと村上公也さんです。お二人とも、「計画通りにいかないこと」「楽しさ」「どんな子どもも夢中になって参加できる」ことを意識して実践をしてこられました。

様々な人に、お二人の実践の素敵さを伝えたいと思い、2016年11月5日に、神戸大学でシンポジウムを開催しました。**「ユーモア的即興から生まれる表現の創発：発達障害・新喜劇・ノリツッコミ」**というタイトルです。下記がそのときのポスターです。お二人に加えて、パフォーマンス心理学を専門とする筑波大学の茂呂雄二さんに、コメンテーターとしてご登壇いただきました。

当日は、砂川さん・村上さんともに、知的障害や自閉症などの発達障害のある子どもや青年を招いて壇上での実演（「新喜劇」「ライブ授業」）を披露いただきました。フェイスブックやツイッターといったSNSだけの宣伝でしたが、ものめずらしさも手伝ってか、100名を超える方にご参加いただきました。

シンポジウムでは、多くの学びと興奮がありました。しかし、やはりその場の参加者としか共有できません。そこで、私たちが大事にしていることを、もっと多くの方に伝えたいと思い、このシンポジウムをもとにして、本書を世に問うことにしました。

3 本書で大事にしたこと

本書で大事にしたのは、以下の3点です。私が感じている、先にあげた3つの問題点の裏返しでもあります。

1つ目に大事にしたのは、「即興」です。「計画通り」とは対極的な言葉です。ヴィゴツキーが指摘しているように、子どもの発達は、創造的な出来事です。子どもの発達が、創造的に開花していくためには、子ども自身ですら予想しえなかった新しい自分に出会う必要があります。そして、その出会いを支えるのが、即興的な活動です。

もっとも、発達障害のある子ども、特に、自閉症スペクトラムのある子どもは、即興的な活動が苦手だといわれます。「見通しが立たないことに出会うとパニックになる」「予想できないことに、すごく不安になる」など…。確かに、彼らの場合、即興的な出来事が得意とはいえないかもしれません。しかし、砂川さん・村上さんの実践をみると、「そうではない」と言い切ることができます。自閉症スペクトラムのある子ども・青年も、即興的な活動を楽しむことができます。むしろ、「計画通りの活動」や「見通しがはっきりしている」活動よりも、生き生きしているという感じさえします。

2つ目は、「ユーモア」を大事にしました。「つまらない」とは対極の言葉です。先ほども述べたように、障害のある子どもは、見通しが立ちにくいこともあって、即興的な活動を苦手にしがちです。その苦手を乗り越える1つが、ユーモアです。ユーモアは、人の心を和ませるようなおかしみ。上品で、笑いを誘うしゃれ、と定義されます。子どもも大人も、クスっと笑ってしまう瞬間、「まあええか」となります。結果として、困った状況を緩和させることがあります。即興にユーモアが加わったとき、困難を乗り越える（正確には、「なんとなくやりすごし、次にことをすすめる」）機能が発生します。

それに、ユーモアは、まぎれもなく「楽しさ」の１つです。教えている人も、教えられている子どもも、見ている人も、クスっとしてしまうとき、なにより楽しい空間が生まれます。少しおおげさかもしれませんが、幸せの１つのかたちです。

最後の３つ目は、「誰もが夢中になって参加できること」を大事にしました。「何かができるようになること（能力の発達）」も大事です。でも、それは、充実した活動への参加を通してです。「できるようになること」は、活動の参加の結果として達成されるものです。

そういう意味で、私たちは、その場に居合わせた人みんなが、ユーモア的即興活動に参加できることを大事にしました。もちろん、年齢も発達も障害もバラバラな子どもたち・青年たち全員が、即興的な活動に楽しんで参加することは、簡単ではありません。しかし、多様な子どもたち・青年たちがともに参加するからこそ、計画通りにはいかない即興性が生まれますし、ユーモアも生まれやすくなります。このような活動を経験する中で、子どもは、「少しだけ背伸びをして」、新しい自分に出会い、発達していきます。

「ほんまに、そんなうまいことといくの？」と思われる読者のみなさんも多いと思います。もっともです。従来、わが国で「正しい」とされてきた特別支援教育の方法や、障害児の見方を覆すようなことを書いてきているのですから。

まゆつば的に思われるかな?とちょっと不安です。ですが、一方で、共感していただけるだろうとも思っています。この本を手に取ってしまったこと自体、みなさんが、意識するにしろ意識しないにしろ、従来の特別支援教育に違和感をもっておられるからです。

ぜひ疑問に思われたままで結構です。本書をもう少しだけ読み進めてみてください。きっと、目からウロコと感じられると思います。同時に、どこか懐かしくて新しいニオイを感じていただけるとうれしいです。

4 本書の構成

本書の構成を簡単に紹介します。

第1章では、砂川一茂さんに、当日のシンポジウムをもとにした実践報告をお願いしました。砂川さんは、放送作家で、喜劇作品をはじめとする数多くのテレビ番組の制作にかかわってこられました。同時に、不登校の子どもたちや高齢の方々など、様々な人たちと新喜劇を創ってこられました。

今回は、エコールKOBEで学ぶ障害のある青年たちとの新喜劇の実践を中心にご報告いただきます。エコールKOBEは、主に特別支援学校を卒業した青年たちがさらに2年間、自由に学ぶ施設で、福祉事業型「専攻科」として位置づいています。主に軽度の知的障害や発達障害のある青年たちが、年に2回、砂川さんとともに「えこーる新喜劇」を創っています。当日のシンポジウムでも、「えこーる新喜劇」を経験した青年数名とともに、新喜劇を披露していただきました。

砂川さんの実践に対するコメントを、岡崎香奈さんにお願いしました。岡崎香奈さんは、神戸大学で教員をされています。私の同僚でもあります。音楽療法の第一人者であり、障害のある子どもとの即興的な音楽療法に取り組んでこられました。

「新喜劇」と「音楽療法」…一見すると、距離が遠く思えます。しかし、即興が両者をしっかりとつなげています。どちらも、決まったものが先にあるわけではないからです。岡崎さんの読み解きを通して、砂川さんの実践が、どのような輝きや意味をもつのかを学びましょう。

第2章では、村上公也さんに、当日のシンポジウムをもとにした実践報告をお願いしました。村上さんとはもう10年以上の付き合いになります。村上さんは、約30年間、小学校の特別支援学級の教師を勤めたあと、現在は、「キミヤーズ塾」塾長として、後進の指導にあたられています。平行してかつての教え子たちを集めて「イチゴママ塾」(寺子屋のようなもの)を開催されています。

今回は、その教え子たちとともに、「飛んで仮名文」を中心とした授業を、シンポジウムの中で披露いただきました。参加者も巻き込み、1秒先すらどうなるかわからないドキドキの様子と、そのドキドキの中で、子どもが「あっ」というパフォーマンスを生み出す様子をご報告いただきます。

村上さんの実践に対するコメントを、麻生武さんにお願いしました。麻生さんは、現在、奈良女子大学の名誉教授をされています。専門は発達心理学で、特に乳幼児期の自我とコミュニケーションの発達を研究されています。また、麻生さんは、村上さんの授業をたくさん見てこられました。麻生さんの子どもを暖かく深く見つめるまなざしを通して、村上さんの授業やそこで見せる子どもたちの表現が、どのような煌きや意味をもつのかを、一緒に学びましょう。

第3章では、茂呂雄二さんに執筆をお願いしました。茂呂さんは、現在、筑波大学で教鞭をとられています。ヴィゴツキーの流れをくむニューヨーク在住の在野の研究者、ホルツマン先生たちと共同して、「即興」「インプロ」を重視したパフォーマンス心理学の理論的基盤を創られています。同時に、ジャパン・オールスターズを設立され、様々な困難のある子ども・青年たちに対する新しい実践をはじめられています。パフォーマンス心理学の立場から、砂川さん・村上さんの実践を理論的に位置づけていただくとともに、即興やユーモアが、人間の発達を考えるうえで、どのような意味をもつのかを語っていただきます。

第4章では、私、赤木が、砂川さん・村上さんの実践が特別支援教育の中でどのような意味をもつの、また、反転して今の特別支援教育にどのような課題があるのかについて、発達心理学・特別支援教育の視点から解説します。

そして、当日のシンポジウムの砂川さん・村上さんの実践の様子をDVDとして付けました。実践には、「百聞は一見にしかず」の側面があります。なによりユーモアや即興は、実際に見るほうがよりリアルに体感できます。1秒先が見えないドキドキとワクワクをぜひDVD越しに体感してください。

以上を通して、特別支援教育に、風穴を開けることができればと願っています。開いたとしても、穴はとっても小さなもかもしれません。でも、「蟻の一穴」という言葉があるように、意外に、穴さえ開けば、その穴を通して、志を同じくする人たちが見えてきて、つながり、教育を変えることができるかな？と思っています。そういうきっかけになればうれしいです。

なにより、本書を通して、「子どもの見方が広がった」という子ども理解の広がりや、「明日から違うことをちょっとやってみようかな」という新たな実践を進める勇気につながれば、編者として望外の喜びです。

2019年1月

HUMOR SYMPO CONTENTS

3

4

1 障害のある青年とともにつくる体験新喜劇

放送作家　砂川一茂

Kazushige Sunagawa

開演前の「控え室」にて

開演の1時間半ほど前、私は「エコールＫＯＢＥ」の河南学園長、そして今回一緒に私の講演に参加してもらうエコールＫＯＢＥの学生、卒業生たち5名と緊張しながら控え室に入りました。

まずは控え室に到着後すぐ、私の次の出番となる元小学校特別支援学級の担任、村上公也先生、そして、筑波大学の茂呂雄二先生に名刺を出してご挨拶。

「はじめまして、最初に講演させていただく砂川一茂と申します」

村上先生との名刺交換……（うぁーっ、なんかこの人、笑顔がない。ひょっとして怒ってはるんかな……後日、赤木先生にお聞きしたところ、村上さんはすごく緊張される方なので、たぶん顔が怒っているように見えたのでは？ということでした。村上先生、大変失礼しました。本当はとても気さくで素晴らしい先生です）。

続いて筑波大学の茂呂先生との名刺交換…温厚そうな方でホッとする私。

何しろ今回は私以外に、村上先生、茂呂先生、そして今回のシンポジウムを主催いただいた神戸大学の赤木先生という、とても偉い先生方とご一緒の講演会。頭スカスカで、中身も経験もない私の緊張度はマックスです。

さてさて、そんなビビりの私は早々にご挨拶を済ませたあと、用意していただいたお弁当をパクつき、講演の冒頭でやるミニ喜劇の練習をエコールＫＯＢＥの学生たちと始めました。

「みんなぁ、もうすぐ本番やし台本なしでいくからね！」と、本番直前の最後の練習で「台本なしでいくよ」という私も私ですが、これが砂川流体験新喜劇なのです。練習し過ぎてもダメやし、練習をまったくしないのも、もちろんあきません。そのちょうど良い頃合いというか、それが難しくもあり、楽しくもあります。ちなみに今回冒頭に行った喜劇は、わずか10分程度のミニミニ喜劇でしたが、前日にエコールKOBEで10～15分程度の練習しかしませんでした。

結局、本番直前の練習も10分ほどしかできず、グダグダの内容で超不安な私…。エコールKOBEの学生、卒業生の面々は、そんな心配どこ吹く風とばかりに余裕のよっちゃんの表情で講演会場の大会議室へ向かいます…はははは、まっ、いっかー、今日のテーマは「即興」だもんね～（汗）。

ニックネームと登場人物の紹介

冒頭の体験喜劇の前に、まずは私の講演に一緒に登壇してくれたエコールKOBEの学生、卒業生の面々をご紹介します。ただし本名ではなく「ニックネーム」で！　このニックネームとは私が体験新喜劇を行う前に必ず行う儀式のようなもので、とても重要だと思っています。まず自分で付けてほしいニックネームを3つほどあげて、その中から多数決で、周りのみんなで決めていきます。最近は多数決ではなく、最終的に本人の意思を尊重しています。自分はたぶん、これに決まるだろう…と思っていたもの以外が決まることも多く、学生たちには「いろんな見方がある…」「いろんな意見がある…」といったことをわかってほしいと思って始めました。ニックネームが決まったあと、練習中はもちろん、喜劇の本番が終わったあとも、このニックネームで呼び合っている学生たちも多く、とてもうれしく思います。

また、エコールKOBE以外でも体験新喜劇を指導していて、このニックネームを決めるときに気づいたことがあります。それは、どのニックネームがいいか、みんなの手があがるたびに、その本人はとてもうれしそうな表情をすることが多いのです。「自分のためにみんなが手をあげている」「今、みんなは私のためにニックネームを決めようとしてくれている」…そんなことを意識させるようなやりとりが、ひょっとして、このニックネームを決める段階であるのでは？と思うようになりました。とにかくこのニックネーム決定までのやりとりのあいだ、みんなの表情が生き生きしているんですよ。

ではここで、今回の私の講演に協力してくれた5人のメンバーを紹介します（所属や学年は、このシンポジウムが行われた2016年11月5日現在のものです）。

さとちゃん　エコールKOBEの卒業生。「カレーショップこころわ」に就職、毎日お弁当の配達に汗を流します。自ら生み出すギャグ＆ダジャレが大好き！

ひらっち　エコールKOBEの卒業生。福祉事業型「職業訓練校」カレッジ・アンコラージュに通う。真面目に、真剣に、面白いことを追求する熱血漢タイプ。

はっちゃん　エコールKOBEの2年生。今回のメンバーで紅一点の彼女！　いつもニコニコと愛らしい表情で周囲を和ませるが、意外としっかりものでもあります。

くっしー　エコールKOBEの1年生。彼は本当にお笑いが好きで、時には計算したギャグを発することもありますが、本番中にあくびをするほどのマイペース主義！

ヒロザイル　エコールKOBEの1年生。ちょっぴりシャイなところもありますが、与えられた役割を淡々とこなす、素直でユニークな好青年！

ミニミニ体験新喜劇「犯人の説得」（作・砂川一茂　脚色・みんな）

あらすじ……人質（くっしー）をとって逃げる犯人（ヒロザイル）。そこへ二人の警官（Aさとちゃん・Bひらっち）が駆けつけ説得をする。説得に応じない犯人に、最後は母親（はっちゃん）を呼んで説得させようとするが…。

※以下は本番の内容を一部抜粋しました。

パトカーの音とともに人質を盾に銃を持った犯人が現れる。
すぐに二人の警官が銃を持ってあとを追ってやってくる。にらみ合う両者。

警官B「おい、お前たちは完全に包囲されている」
警官A「私たち、長田署のものです……か？」
3人（コケル）
会場（笑）
警官B「（警官Aに）ちょっと、聞かないでくださいよー」

再びにらみ合う犯人と二人の警官。

人質「（犯人の銃を奪って警官たちを撃つ）はよ、来いや！」
警官AB（リアクション）
会場（笑）
犯人「やめろー（と銃を奪い返す）」
警官A「（犯人に歩み寄りながら）一歩、二歩、お散歩（三歩）してますけど、何か？」
会場（笑）
人質「（再び犯人の銃を奪って警官たちを撃つ）早くしないと、こうしてやるー」
警官AB（リアクション）
犯人「やめろー（と銃を奪い返す）」
警官B「何をするんですか？」
人質「…すいませんでした」
会場（笑）

途中、意味不明のノリツッコミなどがあって、いよいよ犯人のお母さん登場！

母親「ひろくん、お母さんだよ」

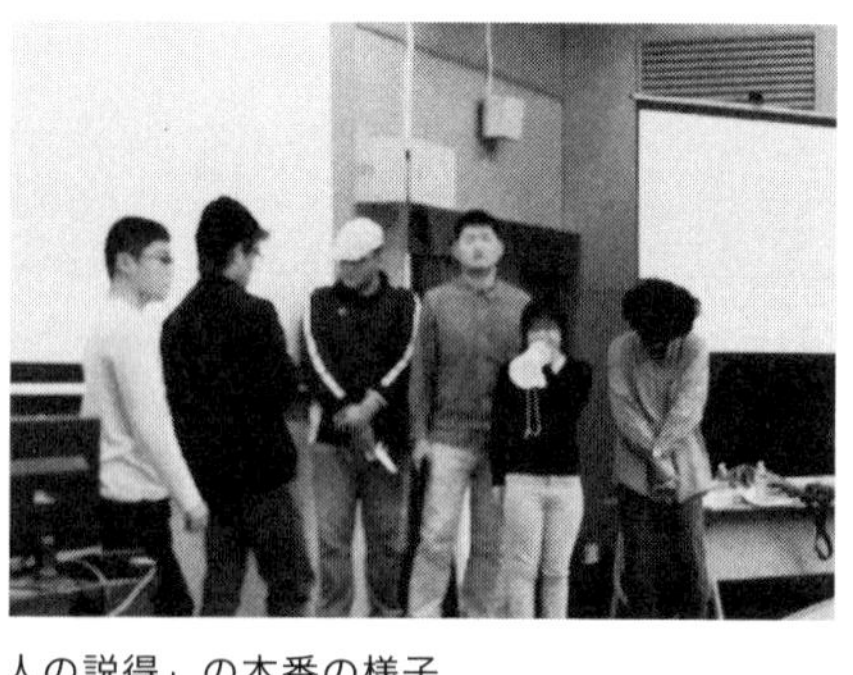

ミニミニ体験新喜劇「犯人の説得」の本番の様子

犯人「余計なことするんじゃねーよ！」

音響スタッフが間違ってコミカルなＢＧＭを流してしまう。
全体の進行役だった砂川があせって音響スタッフに向かって叫ぶ…「悲しい曲ですね！」

会場（爆笑）

悲しい曲が流れるのを待って母親役はっちゃんの長台詞が……

母親「早くおまわりさんの言うことを聞いて銃を捨てて、こっちに戻ってきなさい」

犯人すぐに銃を床に置く（※あきらかに早すぎるんだけど…想定外です）

犯人「（母親に近づきながら）オレが悪かった、おっかぁ許してくれ…」

急に一人取り残され、することがなくなった手持ち無沙汰の人質（※想定外です）

母親「小さい頃からよく母さんのめんどうを見てくれたよね…メガネをふいてくれたり、肩をたたいてくれたり、メガネをふいてくれたり（※なぜかメガネにこだわって2回も言ったメガネをかけているはっちゃん）、家の中を掃除してくれたり、でもうちは貧乏でクーラーがなかったけど、そのときはひろくんが家の中をホースで水浸しにしたよね」

会場（笑）

母親「お母さん、本当に腹が立ったわ！」

会場（笑）

母親「でも、本当はやさしい子だから、お願いだからやめてください」

はっちゃん、ここまで見事にほぼ台本通りの名演技！

しかし犯人役のヒロザイルは、なぜか後ろに下がってしまい変な間ができる……（※想定外です）

警官B「（アドリブ）お母さんも必死に言ってるんですから自首してください」

警官A「（アドリブで犯人に銃を突きつける）」

犯人「お母さん、許してくれー」

母親「ただね、身代金はしっかり（もっと）取っときなさい」

全員（派手にコケル）

会場（笑〜拍手）

そんなこんなで無事終了。いつものように失敗したところが特にウケていました（苦笑）。正直、全体の完成度は１００点満点の50点ぐらいかと終了時点では思っていました。しかし、このあと5人に感想を聞いてみると、みんな大満足の大成功だったようです（笑）。体験新喜劇は演じる本人たちが楽しんでくれることが一番大事！　後日、このミニ喜劇を撮影したVTRをチェックしたところ会場の皆さまも笑っていただいたようですので、内心ホッとしました。あったかい会場の皆さまに感謝です…つかみはオッケー！（?）

それではこのあと、いよいよ私の講演です。この体験喜劇との出会いのキッカケや、これまでの経緯などを、パワーポイントの画面を使ってエコールKOBEの学生たちにも振りながら楽しく進めさせていただきました。

砂川流「体験新喜劇」とは？

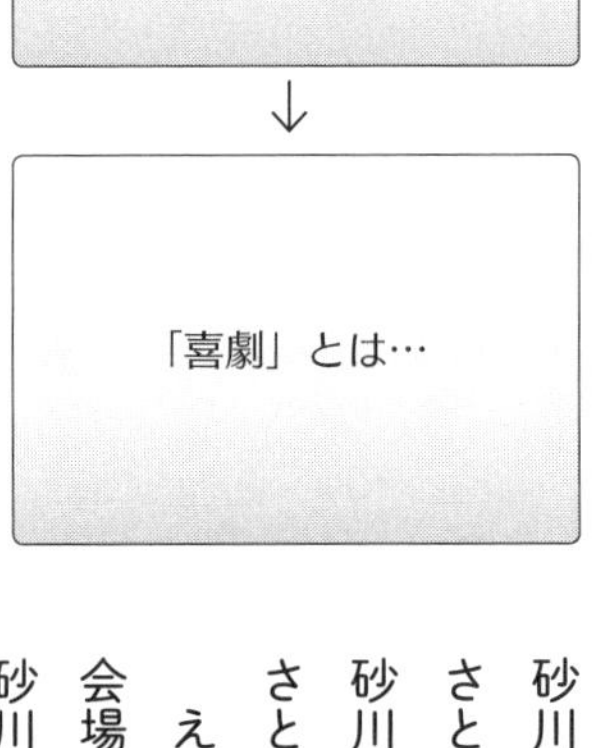

砂川「これ（喜劇とは…）わかる人いてる？」
さとちゃん「吉本新喜劇」
砂川「それだけじゃないよね……」
さとちゃん「ボケとか…ズッコケもあります。ズッコケは、えーっと……　あの……コケ方は……ポペーってコケル！」
会場（笑）
砂川「さとちゃんは、ポペーってこけます（笑）。他に、喜劇とは？」

ひらっち「いろんなネタが、たくさん使われている。いろんな言葉もあります」

そのあと画面にそって、私が小学生の頃に夢中になった「吉本新喜劇」の話を中心に、喜劇は〝笑い〟だけじゃないよ〝ペーソス〟（もの悲しい情緒や哀愁など）もあるよ！と言いつつ、あわせて「松竹新喜劇」のことや、小生を喜劇の道へと導いてくださった我が大師匠「竹本浩三（現、吉本興業文芸顧問）」先生について熱く語りました。

そして、話は「体験新喜劇」へと……。

「喜劇」とは…（※中略）

「体験新喜劇」とは？
舞台経験のない方でもより
簡単に楽しく演じてもらう。

砂川「大衆食堂や旅館など、喜劇の舞台となる庶民的な設定や魅力を取り入れながら、舞台経験のない方でも、より簡単に、より楽しく、参加者に合わせたオリジナル作を演じてもらう、これが言わば砂川流の体験新喜劇なのです」

漫才・コント・落語は才能!
喜劇は「チームワーク」と「思いやり」!

続いての画面がこちら！　これは私の経験をもとに話しました。テレビのお笑いに関するオーディション番組などの地方予選で審査員をさせていただくことのある私は、よく同業の作家さんたちと話すことがあります。

砂川「最近の予選はだいたい2分ですが、最初の1分でオモロイとか、ダメとか、すぐにわかるよね。ダメだと思ったら、まず出てこない。と言って、オモロイと思って予選を勝ち進むコンビとかでも、世間に知られるようになるのは、ほんのひと握り。それほど厳しい世界なんですよ。喜劇は違います、チームワークと思いやり！　どうですか？（エコールKOBEの卒業生、さとちゃんに聞く）」

さとちゃん「チームワーク？」

砂川「（少し不安げに）あんまり感じませんか？」

さとちゃん「（キッパリと）あんまり感じません」

会場（大爆笑）

砂川「（ノリあって）失礼しました…（助けを求めるように、お笑い大好きなくっしーにマイクを向ける）くっしーどうですか？チームワークと思いやり！」

くっしー「思いやりは……みんなと助け合ってやることと……」

砂川「（安堵の表情で）おっ！」

くっしー「チームワークとは、みんなを楽しませて協力することです」

砂川「すばらしい！」

会場（拍手）

砂川「（気を良くした私は紅一点のはっちゃんにもマイクを向け）はっちゃん、どうですか？　喜劇をやってて、チームワークと思いやりを感じたことはありますか？」

はっちゃん「（笑顔で）特にないです」

会場（爆笑）

砂川「（ノリあって）ありがとうございます…ヒロザイルは？」

ヒロザイル「（淡々と）チームワークは……ないです」

会場（大爆笑）

ひらっち「ボクはチームワークというものは、人と人の、芸人と芸人の絆のチカラだと思います」

砂川「すばらしいー」

パワーポイントを使った当日の講演の様子

会場（拍手）

砂川「（気を良くした私はさらにひらっちに聞く）「えこーる新喜劇」（※36ページコラム1参照）をやっていて、こういうの（チームワークや思いやり）を感じたことはありますか？」

ひらっち「（少し困惑した表情で）えーっと……ちょっとは感じられるかもしれない」

会場（爆笑）

「チームワークはない!?」…正直、学生たちからこの言葉を聞いたときは、一瞬、頭の中は真っ白になりました（汗）。しかし、よくよく考えてみると「喜劇はチームワークと思いやり」なんていうのも、私の勝手な希望であり、また目標でもあるため、学生たちにその思いを押しつけているわけではありません。ただ、練習や本番が終わったあとに、自分一人でこの舞台をやったわけではなく、「みんなで楽しいことをやれた」「みんなの力で笑いをとれた」「ひとつの舞台をやりとげた…」というような気持ちに少しでもなればいいなぁーという思いで、いつもやっています。

講演では引き続き、私が体験新喜劇を始めるに至ったキッカケの話へと。

平成7年（1995年）1月17日、大きな被害をもたらした「阪神・淡路大震災」。そのおよそ半年後に私は神戸市長田区の仮設住宅でミニ喜劇公演を行いました。当時私は、とある民放の番組スタッフだったため、そのスタッフにも協力していただき、また、地元のミニFM局で共演していた在日のベトナム少女たちにも役者として加わっていただきながら、30分ほどの喜劇を仮設住宅の集会所のような場所で行ったのです。その公演終了後、仮設に住んでいらっしゃる方と雑談中に、その現象は起きました。詳細は忘れてしまいましたが、あるご婦人の一言で、私たちが行った喜劇とはまったく関係のない話から、その場に大きな笑い声が響きわたったのです。

その話とは……女性「ところで、この前○○さんと○○なことがありましたよね？」。男性「そうそう、あれはホンマに可笑しかったなぁ……（笑）」みたいな内輪でしか理解できないような会話だったと記憶しています。

（ん？　なんか、皆さんとても楽しそうやなぁ…）皆さんの元気あふれるような笑顔を見ていて、私の身体に電流が走ったのを覚えています。（いろんなものを見て笑っていただくより、皆さん自身が生み出す笑いのほうが、もっとすごいパワーを生み出すんとちゃうか？）。私の意識はどんどんと飛躍していきました。（何か自分自身が発信したものによって、他人を笑わせたり、楽しませたりすることができれば、絶対にうれしいに決まっている。そんなステキなＤＮＡは人間なら誰しももっているに違いない）。

まさにこのときの私は「目からうろこ」でした。「見て笑う笑い」から「自ら生み出す笑い」への大きなターニングポイントになったのです。

さっそくエコールＫＯＢＥの学生たちにも、私のこの感動体験について聞いてみました。

砂川「どうですか、さとちゃんはこの話わかりますか？」
さとちゃん「これはなんか…ショックから立ち直るかと思いました」
砂川「そうですね、ショックから立ち直りますよ笑いは！　ありがとうございます。ではくっしーは、見て笑う笑いから自ら生み出す笑いについて、どう思いますか？」
くっしー「これからもお客さんを笑わせて楽しませることです」
会場（拍手）
砂川「そうですね、ありがとうございます。はっちゃんは、わかりますか？」
はっちゃん「わかると思います。見て笑うのと、自分でやって笑うのとでは、自分でやったほうが、よりいっそう楽しいと思います」
会場（拍手）
砂川「では、ヒロザイルは？」

ヒロザイル「わからないです」

会場（笑）

砂川「いいです、いいです、何となく感じとってもらえればいいので（汗）。ひらっちはどうですか？」

ひらっち「それは…吉本新喜劇からのおもしろい場面を受け継いで、まったく同じおもしろさや、違うもの…個性豊かなおもしろさを生み出すことだと思います」

会場（拍手）

このひらっちの言ったことは、とても重要なことでした。彼に限らず、やはりテレビの影響は大きく「吉本新喜劇」や「お笑い番組」などをよく見ている学生たちは、そこで使われているギャグを言ったりするのが大好きです。私はそれを咎めたりはしません。吉本のギャグも大いにけっこう！　他人を傷つけたりするものでなければ、笑わせる手段は何でもありです。

重要なのはそこから微妙に変化していき、自分たちが創り出すオリジナルなギャグ、もしくは、それに刺激されて他の学生たちとの間で絶妙な化学反応が起き、また違った笑いが生まれてくることです。

ひらっちの言った個性豊かなおもしろさ…それは自分にしかできない笑いの法則が生まれることで、そしてその法則が見事に花を咲かせたとき…つまり、自分自身が他人を笑わせ、楽しませることができたとき、何ものにもかえがたい喜びが生まれるはずです。

その人の「おもしろいところ（魅力）」を見つけよう…（※中略）どんな人にも他人を楽しませる魅力がある！

神戸市長田区の仮設住宅で行ったミニ喜劇公演…そのあと私は「誰でも他人を楽しませる魅力が必ずある」「その人のおもしろいところ（魅力）を見つけよう、引き出そう」と思うようになりました。さっそく、その思いをエコールＫＯＢＥの学生たちにも聞いてみます。

砂川「さとちゃんどうですか？　ギャグとかやって、みんな笑ってくれたらうれしいでしょ？」
さとちゃん「ギャグを言うなら……」
砂川「ギャグを言わなくてもいいですけどね、今は…あっ、でも言ってもいいですよ」
さとちゃん「新しいギャグです」
砂川「新しいギャグできましたか、ぜひ披露してください」
さとちゃん「校長、今日もゼッコウチョー（校長）！」
会場（笑）
砂川「（ツッコミ）それさっき言うたやん！」

会場（笑）

実はこのギャグ、自己紹介のときにさとちゃんが一度言ったギャグでした。っていうか、私はさとちゃんから何度も聞いているギャグです(笑)。でも彼にとっては新しいギャグなのでしょうか？　それとも、あえて周りから笑いをとるために、つねに新しいギャグだと言っているのでしょうか？　しかし、そんなことはどーでもよくって、結果、笑いがとれればオッケー！　そして何より、さとちゃん自身が楽しく、満足できればいいのです。

さっ、シンポジウムへと戻ります。

砂川「くっしーはどうですか？　自分が言ったことや、やったことで、みんなが笑ってくれたらうれしいですよね？」

くっしー「うれしいです」

砂川「何か覚えているものはありますか？」

くっしー「トヨタハートフルプラザ（神戸）のとき、新入社員の役をやりました。（※36ページコラム1参照）

そこで、明日考えるわとか……」

会場（笑）

砂川「そうですね（笑）。『明日考えるわ』ありましたね、ギャグでね。うれしかったですよね？」

くっしー「はい」

砂川「はっちゃんは？」

はっちゃん「うれしいです」
砂川「ヒロザイルは？」
ヒロザイル「まぁ、うれしい」
砂川「ひらっちは？　どんなふうにうれしいですか？」
ひらっち「ここはちょっと決めないといけないということもあるんですけど、ありのままの自分でもいいのかなぁと思います」
会場（拍手）

笑劇的な出会い!?「えこーる新喜劇」

このあと「エコールKOBE」との出会い、「えこーる新喜劇」との出会いなどを、実際に「トヨタハートフルプラザ神戸」で上演した写真を見せながら説明しました。

さらに1年生、2年生の学生たちとは具体的に、この「えこーる新喜劇」を通して喜劇に対してどういった関わり方をしていったのか？というような話題にふれながら次の画面（キーワード）へ進みます。

笑劇！
エコールKOBE
（えこーる新喜劇）
との出会い！

砂川「みんな、キラキラ輝くパズルやと思う。（えこーる新喜劇の）稽古を何回かやるんですが、毎回組み合わせがメチャクチャになっていく。それがすっごく楽しくて……いつも稽古を見に来てくださいって言うんです。稽古が一番おもしろいですよね。どうですか、さとちゃん？　本番より稽古は楽しいですよね？」

さとちゃん「はい、稽古は楽しいです……本番は緊張しますけどね。本番はうまくいって良かったです」

砂川「くっしーはどうですか？　トヨタハートフルプラザ神戸でやったとき稽古は楽しかったよね？」

くっしー「楽しかったです」

砂川「本番はうまくいきましたか？」

自在に変化して
キラキラ輝くパズルの
組み合わせ！

コラム1☆「えこーる新喜劇」

2011年から「エコールKOBE」で始めさせていただいた、私の体験新喜劇の原点といってもよい取り組み。1年生は毎年「トヨタハートフルプラザ神戸」のご協力により、架空の自動車販売会社「アイアン」を舞台にした人情喜劇を行う。

また、2年生は卒業公演として別の会場でオリジナル喜劇作品を上演。さらに、2017年からは学生の書いた作品を私が脚色する形式をとっている。とにかく、毎回1年生、2年生ともに個々の学生たちの魅力を最大限に生かすべく、エコールKOBEの先生方と協力しながら進めている。

特に台本に関しては参考程度という感覚でアドリブを重視し、できる限り自分たちの言葉でセリフが言えるように指導している。

くっしー「いきました」

砂川「はっちゃんはどうですか？　稽古いろいろやりましたけど……」

はっちゃん「練習は楽しくて、他の人の意見を聞いて大爆笑できるのが楽しかったです」

砂川「（笑）はっちゃんは他の人のセリフを聞いていつも笑ってるんで、すごい自然やなぁって思うんです。本番中もそうやんね！」

会場（笑）

砂川「ヒロザイルどうですか？　稽古のときは？」

ヒロザイル「稽古のときは…トヨタハートフルプラザ（神戸）でやったときは練習のときも長いセリフがあって、それ不安やったけど、本番では力強く言えて、まぁ良かったかなぁと思います……」

このテーマにおける学生たちとのやりとりの中で、私は大きく気づかされたことがあります。それはこれまで私の中で「体験新喜劇の稽古は本番よりも楽しい！」「私が感じているのだから間違いなく楽しいはずだ！」とい

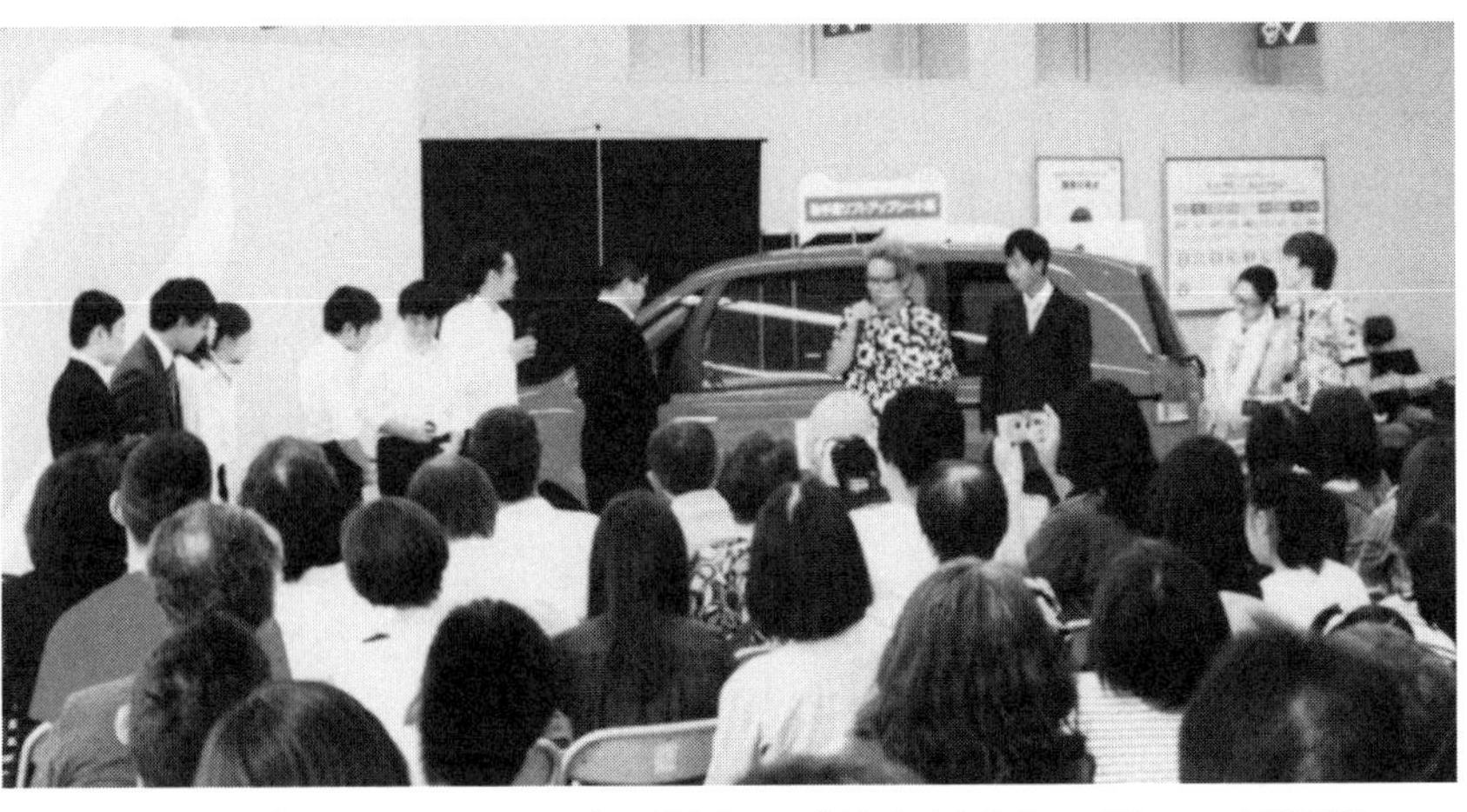
毎年９月に「トヨタハートフルプラザ神戸」で公演する１年生の「えこーる新喜劇」

う強い思い込みがあったということです。

もちろん、そう感じている学生もいたでしょう。しかし実際は、稽古期間中は一生懸命セリフを覚え、緊張しながら本番にのぞんだ学生たちも、けっこういたということです。

これは私が猛省しなければいけません。いろんな思いの学生たちがいて、いろんな思いで喜劇に取り組んでくれています。それを十分に理解しながら進めなくてはいけないと、改めて思いました。

ノリ ツッコミ
（ノリを大切にしたやさしさである）

ノリツッコミの「ノリ」は「やさしさ」である。これは私の持論ですが、これが生涯揺らぐことはありません。ノリツッコミ…関西人ならずとも、お笑いに興味のある方なら誰でも一度は聞いたことがあるはず。いや、関西人であれば実際に日常生活の中で使っている方もおられるでしょう。

しかし、私の中の「ノリツッコミ」は少しニュアンスが違います。本来のノリツッコミは、あえて間違ったことをやったり、言ったりして（いわゆるボケとツッコミのボケです）、それに対して、すぐにツッコミを入れることなく、少しのって（合わせて）あげてから、ツッコミを入れます。私はこの〝少しのってあげる〟ということを大事にしています。つまり日常生活の中で誰かが本当に間違ったりしたことに対して、すぐにその間違いを正さず、その間違いを共有することで、やさしさが生まれるのだと私は信じています。

まずはわかりやすく説明するために、私の友人が家でおばあちゃんと一緒にテレビを見ていたときに実際に起こった話をしました。

砂川「もう何年も前の話です……彼がテレビの横にケータイを置いていたらしく、テレビの近くに座っていたおばあちゃんに、ケータイ取って！と言ったそうです。するとおばあちゃんは本当に間違って、テレビのリモコンを彼に渡してしまいました。普通だと〝テレビのリモコンやんコレ！〟とツッコミを入れるところを、彼はのってあげました。彼はそのリモコンを耳にあて〝あっ、もしもし○○テレビですか？〟などと、のってあげたのです。すると彼のおばあちゃんは、そのやりとりを見ながら今まで見たことのないような、素晴らしくステキな笑顔になったそうです。要するに失敗を、あんた間違ってますよ！とすぐ言わずに、一回のってあげる。ぼくは、これをとても大事にしています」

この「ノリツッコミ」の「ノリ」、さっそく学生たちとやってみることにしました。

砂川「……どうですかみんな、ぼくの言いたいことわかりますか？　さとちゃん？　じゃ、ケータイください」って言ってください」
さとちゃん「ケータイください」

砂川「（テレビのリモコンを渡す）はい、ケータイ電話どうぞ！」

さとちゃん「（リモコンを耳にあて）はい、もしもし…ってこれ、ケータイじゃなくてリモコンじゃねーかよー！」

会場（笑＆拍手）

砂川「じゃ、くっしーは違うもので…お水ください」

くっしー「お水ください」

砂川「（CDを渡す）はい、おいしそうなお水」

くっしー「（CDを口にあて）ってなんでやねん！　これCDやろ！」

会場（笑＆拍手）

砂川「じゃ、はっちゃんは、パンくださいで」

はっちゃん「パンください」

砂川「（黒板消しを渡す）はい、おいしい焼きたてのパンありますよ」

はっちゃん「ありがとう…（と言いながら食べるマネをして）真っ白なっちゃった」

会場（笑＆拍手）

はっちゃん「黒板消しです」

砂川「ヒロザイルは、鉛筆取ってくださいで」

ヒロザイル「鉛筆取ってください」

砂川「（ポケットティッシュを渡す）この鉛筆どうですか？」

ヒロザイル「（ティッシュを鉛筆に見立てて何やら書いている感じ）こりゃ、書けないわ！　ティッシュやないかーい！」

会場（笑＆拍手）

砂川「すばらしい……じゃ、ひらっちは、ぬいぐるみの人形で」

ひらっち「そこのぬいぐるみの人形を取ってください」

砂川「（はっちゃんに立ってもらい、ひらっちのそばに）ここに、かわいいぬいぐるみの人形があったわ！

はい、これ！」

ひらっち「あー、いいぬいぐみですけど……人じゃないですか！」

会場（笑＆拍手）

砂川「すいません、間違ってました。あんまりカワイイもんで……。みんな、ノリツッコミ大好きですよね。

皆さんには間違いを共有するということで、ノリを、やさしさをわかってほしいなぁ～と思いました」

体験新喜劇の良し悪しは
職員（スタッフ）の
ノリで決まることも？

続いては体験新喜劇をさせていただくときの、そのサークルや施設などのスタッフの話です。やはり、スタッフの皆さんや、職員の方の協力なくしては、体験新喜劇はうまくいきません。当たり前のことかもしれませんが、普段から私の何倍もの時間を学生たちと接していらっしゃる方が積極的に参加していただくことで、みんなのやる気も違ってきます。

砂川「エコールの先生方どうですか、さとちゃん？」

さとちゃん「まぁ、おもしろくって、特に河南先生の〝おじゃましまんねやわ〜〟が一番いいです」

会場（笑）

砂川「くっしーどうですか、エコールの先生方すごくうまいですよね？」

くっしー「はい」

砂川「印象に残っている先生や、シーンとかはありますか？」

くっしー「特にありません」

会場（笑）

砂川「いいですよ、とっても正直で。はっちゃんはどうですか？　エコールの先生方どうですか？」

はっちゃん「エコールの先生方はおもしろいです。特に吉川先生、メチャクチャおもしろくて最高です」

吉川史浩さんは、エコールＫＯＢＥの1期生から「えこーる新喜劇」をご一緒させていただいている先生で、はっちゃんが言ったようにメチャメチャユニークで、学生たちからの信頼も抜群！　一人ひとりの学生たちの魅力を、うまく引き出していただきました。

えこーる新喜劇の稽古風景。写真左から２人目が学生たちから絶大な人気の吉川先生

えこーる新喜劇の稽古風景。稽古をするたびに微妙に内容が変わっていきます（?）

砂川「ヒロザイルはどうですか？　えこーる新喜劇やっていて先生方はどうですか？」

ヒロザイル「先生がリードしてくれるから、他の不安な学生も引っ張ってくれて助けになるかなって感じで、一番印象に残っているのは、やっぱり吉川先生がうまいなぁと思います」

砂川「おっ、吉川先生2票入りました（笑）。ひらっちはどうですか？　エコールの先生方はどうですか？」

ひらっち「はい！　エコールの先生たちのいる、えこーる新喜劇は、本物の芸人さんみたいでした」

会場（爆笑）

ひらっち「吉本の芸人さんみたいでした」

このあとひらっちは、エコールKOBEの先生方の名前を次々と発言！　確かにエコールKOBEには芸達者な先生方が多いのですが、私はこのとき、ひらっちの気配りを感じました。

新たな鉱脈を発見!?

「古民家DE新喜劇」

砂川「（興奮気味に）実はこれ、今日一番言いたかったことです。はっちゃん、ヒロザイル、くっしーは

（この喜劇に）出てもらいました。（写真を見せて）見てください、これ！　どこからどこがお客さんで、どこからどこが役者かわからないでしょ……」

会場（笑）

砂川「（かなり興奮気味に）ぼくは、これをやりたかったんです！　マイクを通すと人の声って変わって聞こえるし、この息づかいというか……」

このとき、私は恥ずかしながらかなり興奮しながら話していました。きっと会場の方にも、キチンと伝わらなかったはず。そこで改めてこの「古民家DE新喜劇」の良さを説明させていただきます。

舞台は神戸市長田区駒ヶ林町にある角野邸。この下町情緒あふれる古民家は、さまざまなアート作品の展示会を開催したりと、とっても魅力的な空間なのです。そのステキな場所で、関係者の皆さまのご協力により「古民家DE新喜劇」を上演させていただきました。

部屋は2階にある6畳二間。そこにお客さんが30名ほどと、ほぼ満員電車状態。でもそれがいいんです。メチャメチャええんです！

お客さんも近所の人たちという設定にしちゃって「えこーる一家」に巻き起こる、さまざまな問題を一緒になって考えていただくという参加型のミニ喜劇です。

このときは、当時のエコールKOBE1年生、2年生の選抜メンバー6名＋中元先生。サザエさん一家のようなイメージで、おじいちゃん、おばあちゃん、お母さんに子どもたち…というように、それぞれの役を決めて20分ほどの話を創りました。

例えば「娘が不良の親友と一緒に住みたい」「息子が連れてきた彼女は男だった」という家庭での問

2016年からスタートした神戸市長田区の古民家を利用した「古民家DE新喜劇」

お客さんも近所の人という設定にしてしまった参加型の「古民家DE新喜劇」

題を、目の前にいるお客さんたち（近所の人という設定）に聞きながら進行していきます。で、何がそんなにええかというと大きくは2つ！　まずは役者とお客さんとの距離です。小さな声の学生もいますが、お客さん側からすると息づかいさえ聞こえる距離ですから何の問題もありません。しっかり、クリアに聞こえます。しかも学生たちの生声がとっても魅力的！

そしてもうひとつの良い点は演出上、他人とのコミュニケーションを自然な雰囲気の中でとっていけるということです。知らない人としゃべるのが苦手な学生もいます。でもそこは砂川流の「体験新喜劇」なので、失敗してもかまへんという、ゆるーい枠組み。自由に、そして、声を張り上げなくてもいい「古民家」という、どこか懐かしい感じのする日常的な環境の中で、みんなと何気に楽しくおしゃべりができちゃうわけです。

「えこーる一家」に
巻き起こる
マイノリティな
事件（?）の数々…

砂川「あえて難しいテーマにしたんです。どういうのをやったかというと……」

娘が不良の親友と
一緒に住みたい…

砂川「このとき、はっちゃん娘役でしたが覚えてますか？」

はっちゃん「覚えてます…話がゴチャゴチャになって難しかったけど、最後までがんばりました」

息子が連れてきた
彼女は男だった…

砂川「息子役、ヒロザイルやりましたけどどうでした？」

ヒロザイル「複雑な気持ちでした」

会場（爆笑）。

砂川「えらい！（笑）。そうですよね、複雑な気持ちになっちゃったよね。しかも、近所のおっさんとの恋愛ですよね」

会場（笑）

ヒロザイル「でも楽しかったです」

砂川「とにかくこの古民家DE新喜劇をこれから続けていきたいなぁと思っています。（これをご覧になった方の）アンケートを一部、読ましてもらいます……（※以下、アンケートを一部抜粋）」

●演じる人と観る人の間に何もないのが、近くに感じることができ、とても良かったと思います。近くから観れるぶん、演じる人の細かな動きや表情が観れて面白さが増したように感じました。

●演じていた人について、目が輝き、とてもステキな表情をしていた。観る人、演じる人、質問を交えたり、その場が一体となっていい空気だった。また長田を、家族で訪ねたい。

砂川「お客さんと一緒に（喜劇を）進めていきましたよね。今までなかったですよね？　お客さんの意見を聞きながら進めていく、（さとちゃん）どう思います？」

さとちゃん「ぼくがエコールの頃と雰囲気が変わりました」

砂川「ひらっちはどうですか？　こんな狭いところで喜劇をやったんですが……」

ひらっち「（古民家DE新喜劇のスライド写真を見ながら）真ん中の3人が芸人かと思ってしまうほど、なじみ深いものですね……」

会場（笑）

マイクなし！
お客様（ご近所）参加型
で自由なコミュニケー
ションを楽しむ！

そうなんです。先ほども言いましたが、最近はこの「マイクなし！」にこだわっている私。体験新喜劇は「楽しいからやる！」「失敗してもええねん！」といったようなことを大事にしながらも、就労支援のひとつとして、みんなのコミュニケーションが少しでも良くなればいいなぁーと思うようになりました。そしてこの古民家DE新喜劇は、そのシチュエーションに、とてもよくマッチしているんです。

古民家という、まるで我が家のような空間の中で、声が小さくても、知らない人の前でモジモジしていても、とにかく笑いをとろうと懸命に話す彼らが何だか愛おしいんです。

そういえば古民家DE新喜劇の出演者の一人くっしーは、超リラックスして本番にのぞんだのでしょうか……こんなユニークな出来事がありました。

砂川「なんと本番中に、あくびをした学生がいてました。おぼえてますか、くっしー？」

くっしー「おぼえてます」

砂川「なんであくび？　たいくつやったん？」

くっしー「たいくつじゃないけど……演技でやってました」

会場（笑）

砂川「いや、演技でやってんちゃうやろ（笑）。ホンマにあくびしてましたよ（笑）。すごい自然やったんですよ、うれしかったです、ぼくは……さっき控室で聞いたときは（あくびは）ホンマやって（言うたでしょ）。今、つくったでしょ演技やって！　…正直に言いなさい！（笑）」

くっしー「はい、つくってしまいました」

会場（笑）

砂川「でもねぇ、皆さんありますか？　お芝居を観てて、ホントにあくびする人（役者）がいるんですよ、演技じゃなしに（笑）。ぼくはもうそれ（くっしーのあくび）を見て、すごくリラックスして楽しかったんです。古民家ＤＥ新喜劇は、お客さんとコミュニケーションをとりながら、メチャメチャ即興ですよ。即興の中の即興みたいな感じですね！」

関西地方を中心に拡がっていく「体験新喜劇」の輪！

尼崎あぜくら作業所でも新たな鉱脈を発見！
「あぜくら新喜劇」

砂川「そして実はもうひとつ、これ今日はどうしても取り上げたくって。今、エコールKOBE以外にも6か所ぐらい、いろんなところで体験新喜劇を教えているんですが、尼崎あぜくら作業所というところで新たな鉱脈を発見……あぜくら新喜劇（※次ページコラム2参照）……」

砂川「さまざまな障害のある人たちがいるんですが、ここでもそれぞれの（利用者さんの）個性（魅力）に合わせて本（脚本）を書いています」

コラム2☆「あぜくら新喜劇」

「エコールKOBE」で体験新喜劇を始めてから遅れること１年後の2012年にスタート！　場所は、一部でお笑いの聖地とまで言われている兵庫県は尼崎市。地元では俗にアマと呼ばれ、兵庫県でありながら、なぜか局番は大阪06という、なにわの色濃いまちにあるのが「尼崎あぜくら作業所」である。どんなに障害が重い人たちも、生き生きと生活し、働き、学びあえる場を…などの願いをもって発足。

現在は通所の日中サービスとして生活介護と、就労継続支援Ｂ型の2種類を提供する多機能型事業所である。ここでは月２回ほどのペースで体験新喜劇を指導している。いや正確には、いつも利用者さんと一緒に私も楽しんでいるって感じなのだ。

現在のメンバーは30～40代を中心とした15～20名ほどの男女。

ここ数年はメンバーの一人、GTR（ニックネーム）が書いた脚本を私が少しばかり脚色。その作品を練習し、年に２回ほど神戸や尼崎市内の舞台で発表している。

また、2017年９月には、この体験新喜劇の取り組みがNHKの番組「ハートネットTV」で全国放送された。

「あぜくら新喜劇」に
参加しているユニークな
メンバーの皆さん

利用者さんの原作喜劇
「あぜくら裁判」で
予期せぬ感動のシーン

砂川「利用者さんの一人で、ニックネームがGTRという方がいます。彼は今まで100本以上は、ぼくに原稿を持ってきてるんですよ。月に2回ほど（あぜくら新喜劇の）稽古があるんですが、毎回2～3本は（私に台本を見せに）持ってくるんです。その彼が持ってきた台本のひとつが〝裁判〟です」

お風呂で、お湯を掃除機で
吸い取り壊しちゃった
実話をもとに創作した
ドキュメンタリー風喜劇

砂川「最初、どんな台本やったかというと、これホントにあったことです。お風呂場を掃除しているときに、お湯を吸い取っちゃったらしいんですよ！」

会場　（笑）（※下記コラム3参照）

砂川「掃除機は見事に壊れてしまって、彼は（職員さんから）ものすごく怒られたらしいんですよ。その本当の話を台本にしました……くっしー、どう思います？」

くっしー「おもしろいです」

弁護側の弁護に
感動した被告人役
ほめられた！

砂川「ただ（GTRが最初に）持ってきた本は、被告人（本人）の掃除機壊した人と、裁判長の二人だけの芝居やったんです。それにぼくがちょっと手を加えて弁護側、検察側というのを入れたんです。

コラム3☆「尼崎あぜくら作業所」での浴槽清掃における掃除機故障事件

多くの作業所でも利用者さんによる施設の清掃作業はあるはず。ここ「尼崎あぜくら作業所」でも日課として作業所内の「清掃作業」がある。ある日、GTRは浴槽内の清掃作業中に洗い場まであふれた水を、何と掃除機で吸い取ってしまったのだ。結果、掃除機は見事に故障…GTRは職員さんに叱られたわけだが、後日、彼はこの体験談をもとに脚本を書いてきた。これが「喜劇！　あぜくら裁判」のもとになる。

そしたらね、今まで作業所の中では利用者さん同士で〝ほめあう〟っていうのが、あまりなかったらしいんです。（ある日の稽古のとき）弁護側の（利用者さんの）女性の方が〝GTRさんはね、掃除機でお湯を吸ってダメな人ですけど、私が帰るときに、いつも挨拶してくれます…〟などと、すごくホメはったんです。

いまだに覚えていますけど、彼（GTR）は稽古で、それを最初に（弁護側の女性に）言われたとき、彼ホンマに泣いたんですよ、感動して…。だからぼく最初に〝喜劇は笑いとペーソス〟って言いましたけど、（喜劇の中に）感動的な話はすごく大事だし、笑いばっかりじゃないと！　ぼくがやっている体験新喜劇の中でも〝感動〟のシーン入れます。

冒頭でやったミニ喜劇もそうですけど、ちょっと悲しいシーンとか入れますよね。

（くっしーに）どうですか？　やっぱり入れたほうがいい？」

画面手前に座っているのが
脚本を書いたGTR⇒

「喜劇！　あぜくら裁判」はNHKの番組でも紹介されました

くっしー「いいと思います」

さとちゃん「まぁ悲しいシーンとか、感動シーンを入れると、新喜劇もええ感じですわ」

会場（爆笑）

砂川「めっちゃ上から目線ですが、いいですよ（笑）。はっちゃんはどうですか？　今日は（冒頭のミニ新喜劇のシーンで）はっちゃんがお母さん役で悲しいシーン入れましたよね」

はっちゃん「はい、説得しました」

砂川「いいでしょ、そういう悲しいシーン入れると」

はっちゃん「新喜劇の台本に、一個悲しいシーンがあって、最後の最後にオチがあるともっとステキです」

会場（笑）

砂川「はい、よくできました！　ありがとうございます。ヒロザイルはどうですか？　悲しいシーンとか」

ヒロザイル「悲しいシーンはやっぱり…悲しむ涙が出そうになります」

砂川「（冒頭のミニ新喜劇のシーンで）泣いてくれました？　最後…お母さんの説得に」

ヒロザイル「（あっさりと）泣きました」

会場（笑）

砂川「ホンマかいな（笑）。ホンマに泣きました？」

ヒロザイル「はい」

砂川「信じましょ！　ひらっち、どうですか？　感動するシーン、大事やと思いませんか？　体験新喜劇の中でも…」

ひらっち「体験新喜劇は…親に対する説得は、例えばこんな言葉も…。お母さん、いいかげん目を覚ましてください」

会場（笑）

砂川「なるほど（笑）。息子が言うわけやね、お母さん、目を覚ましてくれと」

ひらっち「はい、現実を見てくださいと…。あの～感動的なところは、少しのカッコよさと、やさしさで…感動の悲しさで、もたらせてくれると思います」

会場（拍手）

砂川「おー、いいこと言うね。ひらっち、ありがとうございます」

最後に、これまでいろんなところでやってきた体験新喜劇ですが、その終了後にとったアンケートや、直接当事者から聞き取ったことをまとめてみました。もちろんこれは私個人の見解であり、何の根拠もないかもしれません。ただ、この体験新喜劇に興味をもたれた方に少しでも参考になればと思い、ここに紹介させていただきます。

●共通する「体験新喜劇」後の変化および当事者の感想など

①仲間意識の芽生え
②自己肯定の認識
③積極性を養う
④好きなことへの達成感
⑤他者への気づき・思いやり

砂川「まとめていきますと…ぼくがエコールＫＯＢＥに限らず、いろんなところで体験新喜劇をやってて、いろいろアンケートをとると…」

●**仲間意識の芽生え**：さっき（学生たちは）チームワークないって言ってましたけど（笑）、何となくですよ、何となく自分一人じゃないと、何人かでやってるな、これは（体験新喜劇は）…というのを感じました。

●**自己肯定の認識**：これは（この役は）彼しかできない、彼女しかできない…というふうに台本を創っていきます。この台本の中で〝私は必要だ〟というのをうまく入れるようにします。

●**積極性を養う**：特に（エコールＫＯＢＥの学生が）１年生から2年生になったときに、すごく気づいたことです。

ことわっておきますが、エコールＫＯＢＥは喜劇だけをやっているわけではありません。毎日さまざまな取り組みをしていて、体験新喜劇はごくごく一部。むしろ積極的になった学生たちは、その他の取り組みによるところが大半でしょう。あくまでも、エコールＫＯＢＥ以外で指導している体験新喜劇に関するアンケートなども考慮した上で〝積極性〟は私自身が強く感じたことのひとつです。

●**好きなことへの達成感**：最近特にそうですけど、（みんなに）何の役をやりたい？って聞くんですよ。それをうまく台本に入れています。（余談ですが）子ども喜劇で20人ぐらいいたんですが、8人（の子どもたち）がサンタクロースの役をやりたいって言ったんですよ。しょうがないから8人のサンタクロースの出る話を書いたんです。でもそういうことが、プロの放送作家としてのやりがいをすごく感じています。みんなのオーダーに合わせて（おもしろい）本を創るってことが……。

●他者への気づき・思いやり：最初に言った〝仲間意識の芽生え〟から、もうちょっと進んだというか…誰かセリフを忘れたらちょっと教えてあげたりとか…。

砂川「そんなんないですか？　さとちゃん」
さとちゃん「セリフを忘れたときは……」
砂川「誰かに教えてもらったりしません？」
さとちゃん「まぁ、あの…サポートされたりとか…でもセリフを家でしっかり覚えたらバッチリ！」
会場（笑）
砂川「確かにそうです（笑）。くっしーはどうですか？　セリフ忘れたり、出ないとき、助けてもらったりしませんか？」
くっしー「します」
砂川「くっしーが教えることはありますか？　みんなに…」
くっしー「それはないねぇ〜」
会場（笑）
砂川「ないでっか（笑）。はっちゃん、どうですか？　セリフ忘れたときとか…、逆にはっちゃんが人に教えてあげたりとかありますか？」
はっちゃん「人に教えるのはあんまり…教えてないけど、（自分が）忘れたときは先生とか友だちとかに教えられます。家で練習してきたのに、ついつい本番になったら忘れることが多いです」

砂川「いいんですよ、別に。ヒロザイルどうですか？　助けられたりしますか？　助けたりしますか？」

ヒロザイル「えーっと…短い文章やったら覚えとる言葉を教えたりするけど、長い言葉やったら教えられないので…でも、自分も助けてもらったりはあります」

砂川「はい、ありがとうございます。ひらっち、どうですか？　いつも、めっちゃアドリブ全開ですけど、人に教えられたり、助けたりしたことありますか？」

ひらっち「練習中は人に助けてもらうことは確かなんですが、本番はえこーる新喜劇の芸人としての本能が覚醒したかのように…」

会場（爆笑）

砂川「覚醒しましたか！（笑）」

ひらっち「アドリブを言えるようになりました」

会場（拍手）

砂川「ひらっちは本当にもうすごい！　覚醒しましたよね…ありがとうございました」

会場の方からの質問タイム

女性の方「今後やってみたい役とかはありますか？」

さとちゃん「今後またやってみたい役とかは、例えば…ぼくの場合は銀行強盗のボスとか、会社の社長さんとかしたいです」

くっしー「警察官とか、お店の店員さんとかやりたいです」

ヒロザイル「ぼくは、やさしい役柄がやりたいです」

ひらっち「今回の（冒頭コントの）警察官は初めてでしたが、いろんな役を…店主とか店員さんとか、銀行員もやってみたいですね。そして、ハチャメチャな人もやってみたいです」

はっちゃん「いろいろですけど…特には…決めれないです。でも12月のエコールフェスティバル（えこーる新喜劇）では、新人店員をやります」

会場（拍手）

男性の方「よくアドリブをやるんですけど、皆さん、アドリブの対応はどうされているんですか？」

さとちゃん「アドリブはですね……自分で言いたいことを言う」

くっしー「明日考えるわ」

ヒロザイル「アドリブはわからないけど、自分で考えて思ったこと言います」

ひらっち「吉本新喜劇の芸人さんみたいにアドリブでは自分の自覚をもって……さっき言ったように錯覚と自覚を用いて（？）覚醒したかのようにアドリブを言ってみます」

会場（笑～拍手）

砂川「はっちゃん、どうですか？　自分がやらなくても他の人がアドリブをしたら台本の動きとか流れ変わっちゃうことあるでしょ。どうしますか、そういうときは？」

はっちゃん「他の人がアドリブをもししたら、自分ものってあげたり…私のアドリブが出てしまったら…もうわからないので、そのまま突っ走ります」

会場（爆笑）

砂川「けっこうみんな突っ走ります（笑）」

この章を終えて……

本当に支離滅裂、ボキャブラリーのなさに愕然とした私…今回は本当にエコールKOBEの学生たちに助けられました。あー疲れた…でも、めっちゃ楽しかった、「ユーモア的即興から生まれる表現の創発」…この素晴らしいシンポジウムに小生をお招きいただいた神戸大学大学院の赤木和重先生、本当にありがとうございました。

また、エコールKOBEにつないでいただいた岡田英之さん、そのエコールKOBEに新喜劇をもち込んでくださり、運営会社でもあるWAPコーポレーションの岡本正社長、エコールKOBEの河南勝学園長、そして、学生たちの潜在的な魅力をともに引き出していただいた、優秀で愛情たっぷりの職員の皆さま、さらには、これまで小生の体験新喜劇と関わってこられたすべての皆さまに深く感謝申し上げます。本当に、本当にありがとうございました。

体験新喜劇は、まだまだ発展途上です。参加する皆さんの個性や魅力に応じて体験新喜劇は、これからも柔軟に変化し続け、また新たな笑いのテクニックが生まれるかもしれません。そう、それを生み出すのはこの本を読んでいただいたあなたかも……そこのあなた、またどこかで「体験新喜劇」で出会えることをとても楽しみにしております。

コメント

体験新喜劇の感想
―音楽療法士の視点から―

神戸大学大学院
岡崎香奈
Kana Okazaki

1 はじめに

このたび、砂川さんの章にコメントを書く役割をいただきました。しかし、プロの放送作家に「コメントする」なんてことは、お笑い好きの筆者としては大変畏れ多いので、体験新喜劇の感想を率直に書きます。砂川さん、マジでめっちゃ面白い方でした。

まず、筆者の簡単な自己紹介をします。私は音楽療法士です。音楽療法には色々なアプローチがあるのですが、私の専門は「即興的音楽療法」と呼ばれるもので、英国音楽療法士の資格取得以降30年間ほど発達障害のある児童や成人と関わってきました。現在も、特別支援学校の中学部および高等部で、重複障害および肢体不自由児者との即興音楽療法活動を行っています。

即興音楽療法（既成曲の即興アレンジも含む）では、ことばの代わりに音やリズムやメロディー等の非言語的媒体を使って、障害や病気のある人たちの表現手段を拡充したり、コミュニケーション能力や社会性を伸ばしたりします。音楽療法士が対象者の「その日の個別／集団のエネルギーレベル」「心身の緊張／弛緩の度合い」「心身のテンポやリズム」に合わせながら、オーダーメイドで音楽を即興し、それを共有することを通して、表現することや人と関わることを促進していきます。

即興音楽療法アプローチのメリットとして、「どのような音を出しても音楽になる」体験ができ、日常生活で「障害があるからできないという劣等感」を感じることなく「成功体験」を得て、それをセラピストと共有すること、が挙げられます。また、このような体験を通して、対象者の自尊感情（セルフエスティーム）や自己充足感を育むことを目指します。その日の対象者の状態を見ながら、臨機応変に介入することが音楽療法士の仕事なのですが、音や音楽のみならず、音のない「間」や「タイミング」の使い方によっても、相互的な対人関係の質が大幅に変化していきます。対象者の「予測不能な」行動や言動を「音楽表現」として肯定的に捉えることから即興音楽療法は始まるのです。

このような仕事をしている私にとって、今回の砂川さんの「体験新喜劇」とその解説は本当に魅力的で刺激的でした。音楽療法士として、砂川さんとエコールＫＯＢＥの学生さんたちとのやり取りから学ぶことがたくさんあったからです。そして、砂川さんが学生さんたちと関わる様子がとにかく面白くて、爆笑しているうちに時間があっという間にたってしまいました。その後、執筆の依頼をいただいたので、少し冷静に当日のことを振り返ってみました。

本稿では、まず「新喜劇」と「音楽療法」の即興における共通点を整理し、私が当日爆笑しながらも「これ、マジ面白い、めっちゃ勉強になった、明日からまたがんばろう！」という気持ちになぜなったのか、自分なりにまとめてみたいと思います。

2 お笑いと音楽の即興性における共通点

私はお笑いが大好きで、M-1グランプリやTHE MANZAIそしてキングオブコントなどは毎回お茶の間審査員を（勝手に）務め、毎週日曜夕方の笑点は（仕事で不在のとき以外）必ず夫婦揃って観ています。特に桂枝雀のファンで、音楽療法士になっていなかったら、今は亡き枝雀に弟子入りしたかった、と思うほどでした。

桂枝雀独自の落語理論に、「緊張の緩和」理論があります。これは、人間の中に緊張の緩和が生まれたときに笑いが起こる、という概念です。演者と観客が「ぐっ」と集中する状態が「緊張」であり、それを「どっ」と笑わせることで緩和させ、それを塩梅良く繰り返すことで、観客を飽きさせることなく演目が進みます。これは、まさに「生の音楽」で起こることと同じです。指揮者のフルトヴェングラーは著書『音楽を語る』の中で、時間芸術である音楽の中には「緊張と弛緩（和音や調性やリズムなど）」があると述べており、音楽療法士はそれを柔軟に使いながら、対象者の表現や交流を即興的に創り出していきます。

漫才の掛け合いも、音楽療法での即興的やり取りにとても似ています。例えば、相手が出してきた音に、どのくらいの間を取って返すのか、またどのくらい外すのか、会話のテンポやペースと同じように、面白いやり取りを成立させるための「間」はとても重要です。個人的に大好きな漫才コンビで例えるとするなら、銀シャリのキレの良いテンポと正統派なツッコミの「間」はとても安心できますし、妄想に走るチュートリアル徳井氏に対してキレながら突っ込む福田氏の絶妙な「間」も面白いです。スリムクラブの「間」なのか「沈黙」なのかわからない「静寂」さえも、スリリングな笑いを呼び、むしろ大きな緊張からの「笑い」という弛緩を生んでいると感じます。聴衆の反応を見ながら、即興的にタイミングや内容を変えていくことも、笑いを起こす要素になっています。

「笑い」と「音楽療法」におけるもう一つの共通要素として、ある程度の「枠組み」の中で、瞬間の芸術としての即興性が、人間の情動における生気（vitality）を生み出し、それが生きるエネルギーや他者と関わる原動力になる、ということが言えると思います。それが体験新喜劇の中で見事に行われており、砂川さんの「新喜劇の効能」として具現化されていました。

当日のエコールKOBEの学生さんたちによる新喜劇、そしてこれまでの経緯や解説をテンポ良く、笑いとペーソスを交えながら面白おかしく語る砂川さんのお話が、鮮明に蘇ってきました。

3 「体験新喜劇」を振り返って

ここでは、新喜劇を振り返るときに頭に浮かんだ5つのキーワード（即興性、真剣さ、主体性、対等な関係性、プロセス重視）から、この「体験新喜劇」の素晴らしさを書いてみたいと思います。

（1）即興性：瞬間の芸術としての新喜劇

「犯人の説得」というお題で、新喜劇が展開していきました。砂川さんご自身もお書きになっている通り、ある程度の枠組みは決めていても、あとは舞台での「一発勝負」が繰り広げられます。砂川さんのファシリテートは、臨機応変な「一発勝負」的介入として、本当に見事でした。音楽と同じく、お笑いも「瞬間の芸術」です。某進学塾の先生の「今でしょ」というフレーズが一時期流行りましたが、砂川さんのツッコミや介入は、「今」じゃないと成立しない、あとからだと面白くない、その瞬間を的確に捉えたものでした。

私は即興音楽療法の研究で、音楽やそれを奏でる人間の「Now-ness（今さ）」（どれだけ今か）というパラダイムを造語しましたが、まさに砂川さんは、この「今さ」を効果的に活用することを体現されていました。「即興でしか生まれ得ない事象」をメンバーから拾い上げて活かしていく砂川さんの力量は素晴らしく、この技能は音楽療法士としてとても勉強になりましたし、音楽療法を学んでいる学生たちにもぜひ習得してほしいと強く思いました。

また、砂川さんが、「8人の子どもたちがサンタクロースになりたいと言ったので、8人のサンタクロースが出てくる喜劇を創った。みんなのオーダーに合わせて面白い本を創る、それがプロの放送作家としてのやりがい」と話されたことは、まさしく、対象者の音に合わせて魅力的な音楽を即興するプロの音楽療法士としての私のやりがいに当てはまるなあ、としみじみ思いました。

さらに「おばあちゃんのリモコン」の例を通して「ノリツッコミ」の「ノリ」はやさしさである、「間違いを共有すること」が相手を尊重することに繋がる、と解説されたことは衝撃的でした。確かに、相手の表現をまず受容すること、それはその瞬間を捉えるという「即興行為」でしかできないことであり、予測できない相手の音を瞬時に受け入れて同期する音楽療法での即興にも共通していると思いました。エコールKOBEの学生さんたちが「ノリツッコミ」の実例を見せてくれましたが、皆さんメチャメチャうまかったです。

（2）真剣に取り組むことから生まれる笑い

新喜劇は、全員（指導者も参加者も聴衆も）が「真剣に」取り組んでいました。綿密に練られた「ネタ」が笑いを生むけれども、舞台上の立ち位置やセリフを間違える、といった想定外な箇所に起こる笑いもたくさんありました。

私の好きな某お笑い番組に「運動神経悪い芸人」や「踊れない芸人」という括りで、あえて不得意なことを芸人たちに挑戦させる、という企画があります。例えばスキップができなかったり、走り方が面白かったり、または踊るときにリズムがまったく取れない芸人が出てくるわけですが、共通していることは、全員一生懸命運動や踊りをやって見せようとしていることです。笑わせようという意図より、できないことを力いっぱい挑戦することを通して笑われることが、芸人として結果的に「おいしい」のです。

このように「狙った笑い」ではなく「狙わない笑い」に面白さが潜んでいることがよくあります。そしてそれは即興でしか生まれ得ない事象でもあります。人が「正に生きている場面のユーモア性」というものがここに存在し、新喜劇でも同じようなことが起きていました。ここで重要な点は、この「狙わない笑い」をあえて引き出すことのできる砂川さんという器（ファシリテート）、そしてそれを受け入れる空間、土壌がそこにあったから成立した、ということです。

脚本の「犯人の説得」は、作・砂川一茂、脚色・みんな、と書いてあり、この「みんなによる脚色」が演じるたびに即興的に変わってくる、というのが「面白さ」を生む要素になっていました。そこには「真剣に笑いを演ずる」行為を通して、狙った笑いや狙わない笑いが生まれ、すべてをネタにできる演者と聴衆の即興的な「関係性」がさらなる面白さを創造していくのだと感じました。

（3）笑わせることと笑われることの違い：「主体的に笑われること」の快感

新喜劇の解説に、砂川さんが「いつものように失敗したところが特にウケていました（笑）」と書かれていました。これは前述したように「失敗したこと」に「狙わない面白さ」という価値づけをして、笑いの一部にしてしまう技だなあ、と思います。新喜劇の場を「個々の可笑しみを尊重し、共有する」空間にしていることがとても印象的であり、聴衆の一人として、とても暖かい気持ちになりました。笑いだけでなく、聴衆の感情もその温度感さえも変えていくのが、本当のプロの「ツカミ」なのだなあ、と羨ましく思います。

エコールKOBEの学生さんたちが、間違ったり、予測できないような回答をしたり、逆に至極まともなことを言ったりすることに対して、砂川さんは（個々の性格を知った上で）上手に「イジって」いました。劣等感を感じさせることなく、出てきたものを「面白い」表現として捉えて、砂川さんのほうが面白そうに喰いついていく。どのような表現をしても、自分の表現が「成功体験になる」という原理だと思いました。これは、即興音楽療法の手法も同じです。

大枠の台本があったとしても、間違えればイジる、うまくイジられればおいしい、そして結果「笑われる」のだけれども、これは実は「笑われる」ことを通して、その人が主体的に「笑わせている」ことになり、それは演者としての快感に繋がっているのでは、と観ていて感じました。

イジるとイジめる、は違います。笑わせると笑われる、は違います。しかし、主体的に「笑われる」ことで他者を「笑わせる」ことができれば、その人の「面白さ」という価値が出現し、主体性すなわち笑いの主役が変わるという「価値観のシフト」が生まれてくるのではないだろうか、と考えます。砂川さんが阪神・淡路大震災後の仮設住宅で気づいた、と言われた「見て笑う『笑い』」から「自ら生み出す『笑い』」へ、に関する解説にも共通する概念を感じました。

関西的な文化土壌（？）における「笑われてナンボ」という快感とそれに伴う自尊感情の質について考え始め、と同時に、メンバー一人ひとりの個性をうまく引き出しながら即興的に笑いに変えていく砂川さんの在りように感動し、爆笑しながらも「マジで弟子入りしたい」と思った私です……。

（4）お笑い仲間としての「対等な関係性」

障害者と関わる際「してあげている、手伝ってあげている」といった、どこか相互が対等な関係でないと感じてしまうことが少なくないと思います。その点、お笑いや音楽といった瞬間の芸術においては、「その瞬間」に全神経を集中し没頭するため、障害の有無という概念が関係なくなってくることが多いです。瞬間的表現における「勝負」が、対等な人間関係を創り出すからです。

音楽療法の場面では、スタッフ・対象者、障害の有無に関係なく、人を惹きつける音を出すものが「勝つ」し、私の経験上、障害や病気のある人たちのほうが「予期せぬ素晴らしい表現」を奏でます。音楽療法士たちは、なまじ音楽教育を受けているせいか「こう奏でなくてはならない」という固定観念が強くて、自由になれないという不自由さを持っていることが案外多いのです。

対等な関係性という観点から、今回の新喜劇でもとても面白いことが起きていました。砂川さんがメンバーの受け答えにウケて噴き出す、という場面があり、メンバーさんたちは「作家（先生）を笑わせた／困らせた」というちょっとした優越感から、どんどんアドリブをぶち込んでいきました。このような「予測不可能な表現」を困ったことと捉えるのか、「面白いこと」と捉えるのかは、ファシリテーターとしての砂川さんの力量の素晴らしさが関係していますし、その人との関係性が場全体の空気を変えていくのです。「何を言ってもこの人がどうにかしてくれる」というメンバー全員の砂川さんに対する信頼が、彼らの表現の幅を拡充していったと、見ていて実感しました。エコールＫＯＢＥという「教育現場」ではあるけれど、「教える先生と教わる生徒」ではない「対等な関係性」がここにあって、だからこそ面白い表現がバンバン出てくるのだなあ、と思いました。

砂川さんは、新喜劇を教える場所でまずニックネームを決める、ことについても解説されました。これは私も不登校児童対象の集団音楽療法で行っていたことなので、同じだ！と思ってちょっと嬉しくなりました。不登校児童は「学校」という空間が得意ではないので、私は全員がお互いにニックネームを付けることでその場における自分のアイデンティティを築き、先生／生徒または大人／子どもという関係ではなく「対等の関係」になることを目指しました。そして、即興音楽活動というすべての音が対等な活動を通して、自分を表現し相手と関わることのできる空間を共に体験することができました。

砂川さんの「古民家ＤＥ新喜劇」のお話もとても面白く、「どこからどこまでが役者で、どこからどこまでがお客さんかわからない」という場面を設定し、お客さんの意見も取り入れながら喜劇を創り出していく即興性が、笑いの空間と共に「対等な関係性」を具現化していると感じました。

（5）「プロセス重視」における創造性

赤木先生が「はじめに」でも書かれているように、教育や障害児者の訓練現場では「スキル」や「能力」の獲得が目標に掲げられることが多く、そのプロセスにおける「いま・ここ」が評価されにくい状況が多いと言われています。筆者自身も、特別支援教育や障害者の作業所などで、同じようにモヤモヤした思いを抱くことがあり葛藤することもあります。

砂川さんが、新喜劇の効能の一つとして「チームワークができる」ことを挙げて、それを講演の中でメンバーの一人に「チームワークありますか？」と聞くと、「特にありません」と即座に答えたため、砂川さんがズッコケて会場が爆笑するという場面がありました。メンバーたちは「新喜劇」を一生懸命やって「お客さんを笑わせよう」としているだけで、自分たちの「チームワーク」を高めようと思っているわけではなさそうです。これらの効能というのは「結果」として現れるに過ぎず、そのプロセスを体験することが重要である、と新喜劇に没頭しているメンバーの姿を観て実感しました。

幼児が誰かと遊ぶとき「僕は／私は、いま他者と協調することを学んでいるんだ」とは考えていないわけです。結果的に「遊ぶこと」を通して社会性や集団スキルを獲得していくのでしょうが、本人たちはそれを「目的」として意識していないのです。音楽療法でも同じことが言えます。楽しく音楽活動に没頭して、太鼓を叩いたり、シンバルを鳴らしたりする子どもたちは、あくまで「音楽を楽しんでいる」のであり、そのプロセスで感じる喜びや達成感が、結果的に表現スキルを伸ばし自尊感情を高めることにいつの間にか繋がっているだけです。

即興表現においては、「結果」も大切ですが、体験のプロセスである「経過」が重要であり、経過における体験の「質」が生々しい実感として感覚に残っていくのだと思います。赤木先生が「はじめに」で書かれたこと、砂川さんが講演されたこと、そして即興音楽療法で私が感じていることには、このような共通項があります。

また、新喜劇を観ていて、演じているメンバーが、お互いの、そして聴衆に対する「アンテナ」を敏感に立てていることがよくわかりました。それは、相互に意識が開いている状態であり、何かに一生懸命取り組むコミットメントと笑わせることに対する責任感が、彼らの姿勢や表情によく表れていました。

自分たちも面白がりながら、演者として集中している、そして集団としても機能している、といった状態は「結果的に」個人の成長を促し、社会性を育むことにも繋がるし、これらの目的は「結果的に」就労支援などの目的に沿うものです。しかしその「経過」における笑いの「質」が面白くなければ、これらの目的は達成されません。その「質」を高めるためには、プロセスを重視し、自発的な「即興的表現」を丁寧に扱うことが大切であり、その表現に臨機応変に対応できる力が必須だと感じました。それができる砂川さん、すごいです。

4 おわりに

音楽家で教育者でもあるナハマノヴィッチは「生きることは即興である」そして「すべてのひとは即興者（インプロヴァイザー）である」と言っています。私たちは朝起きてから、その日自分が行うことをすべて予測して計画することはできません。その都度、その瞬間に、本能や暗黙知や感覚、そして自分の知識や体験をもとに状況を判断し、言動や行為を無意識的／意識的に決定しています。そこにユーモア性が加われば、モチベーションも上がります。何が起こるわからない場面を体験し、それを自らの力で突破すればするほど、自信もつき、自己の核も強化されます。障害の有無にかかわらず、この感覚は生きていく上でとても大切です。音楽療法の現場でも、即興表現を体験し共有するプロセスを通して、結果的に「生きる力」をつけることに繋がっていきます。

エコールＫＯＢＥの「体験新喜劇」における「笑い」の即興的空間でも、その場を体験し、演じ、共有することを通して「人と関わること、自分を聞き人を聞くこと、自分を感じて人を感じること／感じ合うこと、共存すること」を会得し、「生きる力」をつけていることに繋がっているのだと思いました。今回のシンポジウムのテーマである「ユーモア的即興から生まれる表現の創発」という視点は、人々の共生をより創造的にすると考えます。

ユーモアには理屈がないです。面白いかそうでないか、しかない。面白ければ笑う、そうでなければ笑わない、というとてもシンプルな現象です。しかしそのことについて色々と考えて分析しようとすればするほど、面白くなくなる、ということを実感しました（笑）。「笑い」は深い、です。

久しぶりに、元気になるシンポジウムに参加させていただきました。砂川さん、エコールＫＯＢＥのメンバーの皆さん、そして企画してくださった赤木先生、どうもありがとうございました。

〈参考文献〉

- ナハマノヴィッチ，S．（２０１４）『フリープレイ：人生と芸術におけるインプロヴィゼーション』若尾裕（訳）フィルムアート社
- 岡崎香奈（２００１）「児童対象の音楽療法」篠田知璋（監修）『新しい音楽療法：実践現場よりの提言』音楽之友社（pp.118-131）
- 岡崎香奈（２０１１）「音楽療法における『瞬間』の質とセラピストとクライエントのあいだに生起することがら」『臨床音楽療法5』九州臨床音楽療法学会（pp.13-21）

コラム

演劇と学校教育

東京学芸大学
教職大学院
渡辺貴裕

新喜劇は楽しそうだけれど、これって、学校ではせいぜいお楽しみ会などに取り入れられる程度のものでしょ？　だいたい、新喜劇に限らず、劇って教科以外の特別活動などの領域のものだし。

もしかするとこんなふうにお考えの方もおられるかもしれません。けれども、ところ変われば、演劇（ドラマ）が教科の一つとして設けられている国もありますし、演劇（ドラマ）がカリキュラムの中核にあって、さまざまな教科の内容をドラマを通して学ぶ形態をとっている学校もあります。私が以前訪問したイギリスの小学校では、3年生が、大英博物館から依頼を受けた海洋考古学者になって沈没船から発見された謎の箱の調査をするという（架空の）活動を通して、インタビューの仕方や世界のさまざまな文字などについて学んでいました（このように専門家の役になって架空の世界で活動を行うという仕掛けは「専門家のマント」と呼ばれます）。海外に限らず、日本でも、演劇的手法をさまざまな教科の学習に取り入れている学校があります。演劇は、私たちが何かを理解したり表現したり互いに考えを交わしたりするための大事な手段になります。

これまでにも、特別支援学校・学級の授業において、劇を取り入れた活動は取り組まれてきました。国語の授業でお話を演じるような活動はよく見られます。私が以前参観した特別支援学級でも、『三びきのやぎのがらがらどん』（ノルウェーの昔話、マーシャ・ブラウン絵、瀬田貞二訳、1965、福音館書店）を、先生方が簡単な台本にして、教室にマットを敷いてやぎたちが渡る「橋」に見立て、子どもたちに演じさせていました。

こうした活動が陥りがちな展開があります。それは、セリフや動きを子どもに覚えさせて発表させ、それらがきちんとできていればOKというもの。この「がらがらどん」の授業のときも、発表後子どもたちは、「○○さんの動きが良かったと思います」、「みんなセリフをきちんと言えていて良かったと思います」といった感想を言い合っていました。

これはこれである種の達成感がある活動です。けれども、演劇がもつ力を学習に活かすという点では、少しもったいないなあと感じます。演劇は、実際にはそこにない世界を生み出し、その架空の世界のなかで、何かを感じたり考えたりすることができるもの。決められた台本をなぞるだけになってしまっては、そうした魅力が活かされません。

架空の世界のなかで感じたり考えたりするというと、難しく思えるかもしれません。が、ここで活きるのが、砂川さんや村上さんの実践でもポイントになっていた、即興や遊びといった要素。即興や遊びは、その場を生きることにかかわります。したがって、物語の世界であれ歴史上の出来事であれ、そこでどんなふうに即興のやりとりを楽しんだり遊んだりすることができそうか、考えてみればよいのです。

『三びきのやぎのがらがらどん』の場合でも、例えば、それぞれのやぎの橋の揺れ方をもとに遊ぶことができます。子どもたちがマットの上に一列に並んでおいて（子どもたちはいわば橋の役）、先生が「ちいさいやぎ！」と言うとみんなは「かたことかたこと」と言って小さく揺れる、先生が「おおきいやぎ！」と言うとみんなは「がたんごとん」と言って崩れそうになるくらい大きく揺れるといった「橋ごっこ」です。「ちいさいやぎ！……と思ったら二ばんめのやぎだった！」というようにフェイントをかけて楽しむこともできますし、子どものなかにやぎ役をつくってその子が歩くのにあわせて橋が揺れるといったアレンジもできますし、やぎを指定する役割を子どもに委ねることもできます。

もちろん、やぎとトロルとのやりとりを使ってもいろいろ遊べます。例えば、子どもたちがやぎかトロルの役になって動いているところに、先生が実況中継風にナレーションを入れるというもの。「おっとここで出てきたのは…トロルだあ！　トロルが叫んだ！」「さあ、ちいさいやぎ、絶体絶命のピンチ！　どうやって切り抜けるのか！？」などと、進行の手助けをするとともに、子どもをこの世界のなかに立たせ巻き込んでいくのです。仮にそこで子どもが間違えても（例えば、「ちいさいやぎ」の役なのに「二ばんめのやぎ」のセリフを言ってしまったとしても）「今日はなんだか、ちいさいやぎが中くらいのやぎっぽい！」などとそれを楽しむことができますし、さらに、死んだふりをするるといった、元の作品には登場しない戦略を考え出す子どもも出てくるかもしれません。

こんなふうに即興のやりとりを楽しむことは、架空の世界を自分の感覚を働かせて体験する、つまり、その世界を生きるということにつながります。それは、演劇（ドラマ）を通した学びの土台。演劇を、学習から切り離すのではなく、また、筋書きをなぞるだけの活動にするのでもなく、即興や遊びの観点から捉え直して、ぜひ、実践で活かしていただけたらと思います。

2

ユーモアと遊び心から生まれる創造と表現

キミヤーズ塾　村上公也

Kimiya Murakami

「飛んで仮名文」の起源

「飛んで仮名文」というオリジナル教材を紹介する。

教材を思いつくのは決まってそうだが、目を覚ます寸前の微睡(まどろ)んだ状態にある時である。近くの小学校の特別支援学級で出張授業をすることになっていた。「創作熟語」をするつもりだった。「創作熟語」というのは、知っている漢字を2文字組み合わせて自分なりの意味を創り出す教材である。子どもたちが創造的に考え、互いの考えを知り合い刺激し合うような活動をさせたかった。しかし、そのクラスは漢字の学習をほとんどしていない低学年の子どもから、多くの漢字を学習している高学年の子どもまで7名もが在籍し、それぞれの既得知識の差があまりに大きかった。そんな厳しい条件ではあるが、一斉授業をしたかった。何故なら個別指導では子どもたち同士のつながりやコミュニケーションは期待できないからだ。一斉授業を通して自分の思いや考えを自分なりに表現することによって、子どもたちが互いの人格を認め合うようなコミュニケーションを成立させたかった。

しかし結論としては、現段階では漢字を中心に扱う学習を断念せざるを得ない。そこで平仮名だけを使ったものにすることによって、既得知識の差を解消することにした。平仮名だけを使った教材といっても、平仮名だったら十分に文章を書けるというわけではない。子どもたちにとって多くの文字を書くことの負担感は大きい。この状況で、単純に平仮名だけを扱ったとしても、子どもたち同士のやり取り(コミュニケーション)を成立させるのは難しい。だからと言って、子どもの言いたいことを指導者が汲(く)み取って、体裁を整えた定型文を復唱させるやり方では、聞き手の子どもたちにとっては聞き飽きた念仏にしか思えないだろう。表現としてのリアリティがないからだ。

多くの指導者は、子どもたち同士の瑞々しいやり取りなど最初から考えないで、定型文の斉唱（せいしょう）に甘んじてしまっているのが現状ではないだろうか。結局、本気で子どもの積極的で能動的な表現を期待しないで、形式的なことを繰り返しているように見える。それは、やはり正しい形式を教えなければならないという動かしがたい前提に縛られているような気がする。それとはまったく逆の考え方で、形式的に間違っていても、稚拙であっても、そこから滲（にじ）み出るその子らしい表現を最優先したら、どんな景色が見えてくるだろうか。そんなふうに考えてみた。

そこで、教材内容の条件として次のように整理してみた。

1. 平仮名だけを扱う。
2. 書く平仮名をできるだけ少なくする。
3. 自分の思いや考えを表現する。
4. 友達の表現した思いや考えを能動的に聞く。

これらの条件を満たす教材の展開を考えていたが、数日たってもアイデアは何も思いつかなかった。いよいよ明日が授業だという夜も、解決策は浮かばず、『授業しなければならないのに、子どもたちの前に立ってどうしよう？　やり方をダラダラと説明したり、ルールを丁寧に話したりしても、子どもたちにとっては興ざめ以外の何ものでもないし……』と頭の中で堂々巡り（どうどうめぐ）をしながら、結局、明け方になって眠り込んでしまった。

突然、『あっ、そうだ！』と思いついて目が覚めた。『あっ、そうだ！』の中身は、平仮名を書いてクイズ形式で子どもたちと対話をしながら、見本を示して話したら、うまく伝わるに違いないということである。微睡んでいた時間は、恐らく長くはなかったと思う。何日も考えていても、思いつくのは一瞬のことである。平仮名の頭文字を提示して問いかけるのである。先ず、子どもたちに「い、お、べ…さて何でしょう？」と問いかける。「い」は、今からの「い」だよ。「お」は面白いの「お」です。次に「べ」は何だと思う？と問いかけたら、たぶん子どもたちから、「勉強」という言葉が返ってくるに違いない。これなら説明を最小限度に抑えることができるし、表現の幅を狭めることなくルールも伝えられる。

い…今から お…面白い べ…勉強する

『い、お、べ』とだけ板書し、「い、お、べ…さて何でしょう？」とクイズを出して、それを当てるように子どもたちと対話したら、うまく伝えられるし、子どもたちのほうも『やってみたい』と思うだろう。この「い、お、べ」をやるつもりで、学校へ行ったところ、運動場で遊んでいた支援学級の子どもたちが、可愛い声で「村上先生！」と駆け寄ってきてくれた。その時、「い、お、べ…」よりも、もっと適時的で身近な例題が閃（ひらめ）いた。それが、次の例題だ。

う…運動場で
あ…遊んだ（遊ぶ）
た…楽しい

急遽、「う、あ、た」に変更した。こっちのほうがリアリティがある。

教室に行って、早速、子どもたちを前に『う、あ、た』と板書し、「う、あ、た…さて何でしょう？」と問いかけた。いきなり言っても、何のことか分からないので、「う」は運動場の「う」だよと補足した。するとすぐに「遊ぶ」も「楽しい」も子どもたちの口から出た。例題がスムーズに伝わってほっとした。次に、「こんなふうにクイズを作れるかな？」と言ったら、それなりに作ってくれた。特別支援学級の授業で、ごてごて説明しなければ伝わらないような教材内容だったら、それは元々ダメな教材だということである。

その時、子どもたちが創った「飛んで仮名文」は次のようなものだった。

●A児6年
おきゃくさんにいえ……「お客さんが新しい家を見つけた」

●B児6年
う、た、せ……「牛を食べませんでした」

●C児6年
ば、と、い……「バラのトゲに刺さると痛い」

●D児5年
と、に、が、と、い……「鶏肉が取りにくい」

●E児4年
き、ひ、た、だ……「給食で平天楽しみ大好き」

●F児4年
は、あ、な……「はーちゃんはアイドル歌手になりたーい」

●G児2年
い、る、か……「イルカショーを見てルンルンして感動した」

単純に名詞の頭文字を並べたものが多くなるかなと思ったが、それは皆無であった。形式に忠実に沿っていないものもあるが、一応のところ全員が文章的な方向性をもって話した。初めて経験する課題だということを考慮すると、皆とても上手に熟(こな)していると思う。想像以上にルールに則っている。7名中5名がほぼルールを理解し、「飛んで仮名文」ができている。元々、元気で意欲的なクラスなので、勢いで乗り切ったかもしれない。この「飛んで仮名文」は、発表する時に発表内容を忘れないようにするための覚書(おぼえがき)（メモ）のようなものでもあるし、俗に言う「あいうえお作文」の体(てい)も成(な)しているように思う。

クイズだから回答する側の子どもたちは答えを当てようとするが、なか

なか簡単には当たらない。そういう時は指導者が本人に答えを内緒で聞き、ヒントとなる漢字を書いて示したり、連想するような言葉を言ったりした。当たらなくて当然なのだから、気楽に答えをどんどん言ったらいいのである。しかし、不思議なことに予想以上に的中する。つまり、分かるはずがないと思えるような正解が子どもたちから出てくるのである。恐らく、同じ学級なので日常的に会話している時の口癖などが含まれていたり、生活経験が類似していたりすることが的中する理由だと推測できるが、本当のところは分からない。必ずというわけではないが、不思議に当たるので、何だか笑いがこぼれるほどである。もし当たらない場合でも、ヒントになる漢字を示すことで、新しい回答がどんどんつながっていく。元々、正解を当てるのではなく、どんどん答えを言うことが目的の課題である。また、ヒントの漢字を並べると創作漢字熟語になりそうなことにも気が付いた。例えば、「き、ひ、た、だ……給食で平天楽しみ大好き」から、「給平楽大」という四文字熟語に結び付けることができる。しかし、四文字熟語については、まだまだ頭の中で自由遊泳させて、熟成させたほうがよいと感じたので、この時点では焦って教材化を考えないようにした。

このような形式のクイズなら、まとまった文章を書けなくても、平仮名の頭文字だけを書けば、クイズが作れる。文章を書くとなると正しい文法であることが要求されたり、相当の文字数を書かなければならなかったりして、負担も多くなるが、3文字程度の平仮名さえ書けば、後で平仮名を見ながら話すだけでよい。つまり誰にとっても、ハードルが低いのである。

クイズということだから、回答者は当てたいという気持ちがあるので、出題者のクイズ問題をしっかり聞き、平仮名に注目し、懸命に平仮名の頭

文字に該当する言葉を思い浮かべて、当てようとする。出題者も聞いていないと当たり外れを判定できないので、一応、回答者の発言を聞こうとする。自然に互いに聞く態度が成立していくことになる。

「牛を食べませんでした」のB児と「鶏肉が取りにくい」のD児は、互いに仲良しで、D児は牛を食べる→牛肉→鶏肉というように連想していったと思われる。子ども同士の関係の近さも見えてくる。F児の「アイドル歌手」というのは、本人がとても憧れているものである。G児の「イルカ」は本人が熱狂的に好きなものである。そういうものが「飛んで仮名文」には登場する。出題する子どものクイズの内容は、何かしら本人の体臭というか個性が感じられる。そして、回答者は、クイズを当てようとするのだが、どこか回答者自身の個性が滲み出てくる。個性と個性が交流し合っているように見えたりもする。

イチゴママ（一期儘）塾に集う若者たち

教職から退職すると子どもたちと関わる機会が少なくなるので、授業観、子ども観のようなものがサビ付かないようにと、かつての教え子たちを自宅に呼んで学習会をしている。イチゴママ塾といっているが、昔の寺子屋のようなものである。既に就職している者が3名、高等部の2年生と1年生、そして、中学2年生がそれぞれ1名。高等部1年生と中学2年生の2名は私の後輩教員の教え子である。一応、火曜日の午後4時から6時までの2時間ということにしているが、異年齢で、仕事や学校も異なるので、集まれる時間はマチマチである。最近は楽しくて、時間が延びて7時頃になることが多くなっている。元々、月に1回だけやるつもりだったが、私自身が楽しくなってきて毎週子どもたちを呼びつけるよう

イチゴママ（一期儘）塾の風景

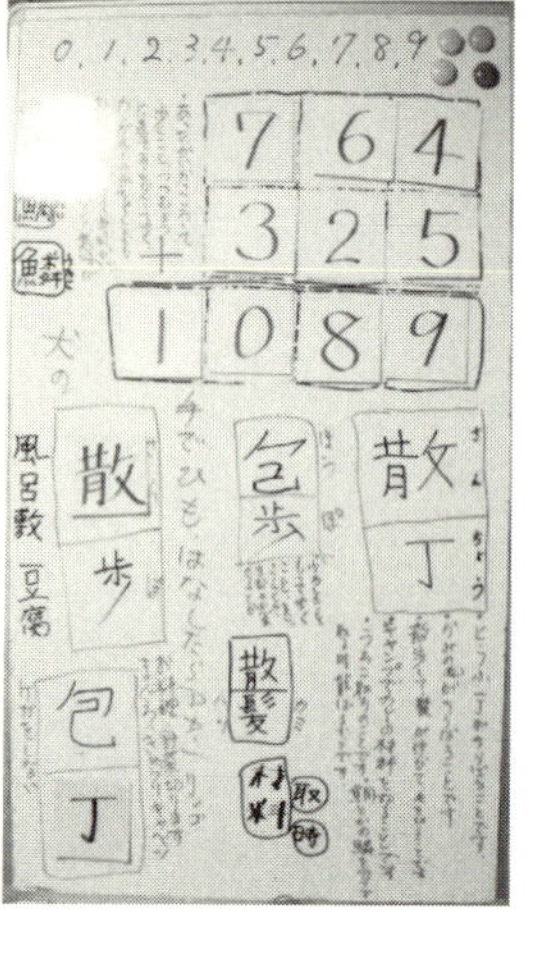

「愚徳庵」と「一期儘」と書かれた小田原提灯

になった。

学習塾といっても学校の勉強の補習のようなことは、一切やらない。漢字遊び、創作熟語、数遊び、数列遊び、魔方陣作りのようなことを寄席の余興というか大喜利のようにやる。知的には、割とレベルの高い内容だと思うのだが、けっこう子どもたちはついてくるので、その時の思いつきで、いろいろな内容を自由奔放に、無計画・無責任にやっている。時には、百人一首やいろはカルタのような遊びもする。

二部屋の仕切りを取っ払い、合計10畳ほどの座敷は、粋狂で「愚徳庵」と命名してある。さながら夏目漱石のユーモア小説に出てくる「愚陀佛庵」のようである。「愚徳」というのは、谷崎潤一郎の小説『刺青』の冒頭に「其れはまだ人々が『愚（おろか）』と云う貴い徳を持って居て、世の中が今のように激しく軋み合わない時分であった。」という一節からとったものである。成長だとか発達だとかを目指し、成果だけを追い求めて、軋み合っている教育現場から離れて、知的好奇心を遊ばせる空間に自由人たちが憩いを求めて集まってくる。浮世離れした時間が教え子たちと私をゆったりと包む。そんな場所が「愚徳庵」でありたいという思いを込めての命名である。教え子たちは、「今日は残業で疲れたよ」と言ったり、「学校の先生の話が長かったわ」と愚痴をこぼしつつ、ニヤニヤしながら、いそいそとやってくる。

私は愚かという徳も、何かしら貴いもののように思える。それと同様に実用じゃない知識・技術に芸術性を感じるのである。浮世離れしているのだから、愚徳庵では学校で教え込まれた挨拶の儀礼は禁止である。玄関の扉に「一期儘」と書かれた小田原提灯がかかっている時は、呼び鈴も挨拶もなしで、入って来ていいことになっている。黙って入って来ることに抵抗のある律儀な峻大（仮名）君は、我が家の郵便受けから、郵便物を取り出し「郵便来てました」と言って、入って来るようになった。習癖となるほどに叩き込まれた挨拶が愚徳庵では禁じられるので、自分なりに創意工夫して、挨拶に代わる新たな儀式を生み出したのだ。彼が真面目で努力して試行錯誤し、前進する才があることが分かる。

ある時、私が悪戯(いたずら)で、郵便受けにみかんを入れておいたり、コップにコーラをなみなみと入れておいたりしたが、彼は動ぜずに淡々と取り出して、手渡してくれるのである。また、別の子どもは支援学校の先生に「『うん』はダメ。返事は『ハイ』と言いなさい」と叩き込まれたが、もちろん愚徳庵では「うん」と言わなければならない。「この子らは、どうせ『ハイ』と『うん』とを上手に使い分けられないのだから、『ハイ』とだけ言えるようにしておいたらいい」というやり方は絶対に許せない。

創作熟語というのは、以前からやっている教材である。子どもたちが多くの漢字カードの中から、意図して2枚の漢字カードを選択し、一つひとつの漢字の意味から、それらを組み合わせて新しい意味を創り出していく活動である。子どもによっては、自由に選択できることがかえって、迷いや紛(まぎ)れになり、結局創作できなくなってしまうことがある。2枚の漢字カードのどちらを先にもってくるか、後にするかは2通りあるから、それについても考えなければならない。そして熟語を創作し、その読みを発表することで、漢字は訓読みだけでなく音読みもあることを意識するようになった。これは何らかの意味合いをもった文字の羅列に一定の音声的な符号を付けるようなものだと捉える程度に考えている。だから、くじを引くように偶然選んだ漢字カードを見て、そ

れに見合った適当な意味を考えるほうがいいという子どももいる。

子どもたちにとって想像力は不得手かというと、そうではない。想像すること自体は豊かな才能をもっている。それが封じ込まれている場合が多いだけだ。要は如何に才能を開花させるかである。話し方の技術の問題、漢字カードの多さからくる迷いや紛れの問題は、想像性を狭めない方法で話型を提示したり、選択範囲を限定したりすることで解決できる。創作熟語は、ありもしない話を創れてしまう。しかしながら単なる戯言ではなく、そこには、必ず本人の生活経験に基づく表現が含まれているのである。

イチゴママ塾での社会科の巻

ある時、イチゴママ塾生の一人、有名ハンバーガーショップで働く22歳の峻大君が来るなり「僕は県の名前が言える。近畿地方は大阪府、京都府、兵庫県、滋賀県、奈良県、和歌山県、三重県。偉い？」と聞いてきた。そして、全国のすべての地方名と県名をノートにぎっしり書いてきたものを見せた。手書きの四角い文字で綿密に書かれていた。「凄いなあ、偉いなあ」と褒めた。私自身は社会科が苦手であるから、なおさら感心してしまう。

創作熟語をするにあたって、選択する漢字が多すぎると迷ってしまって、漢字を決めるのに時間がかかる。この日は、これをきっかけに中国地方の県名の漢字を使って創作熟語をすることにした。山と島は重複しているから、「鳥、取、島、根、岡、山、広、口」この8文字の漢字を使うことになる。たった8文字から、多くて2、3文字の熟語を創るとして、順列組み合わせとしては数百通り以上になる。

漢字が1文字増えるごとに順列組み合わせは、対数的に増える。8文字熟語まで全部使ったら40万通り以上になる。

その時の創作熟語を二つ紹介する。一つ目は、緊張しやすく、すぐに泣き出してしまう中学2年生の女子、香織（仮名）さんが、次のように創作熟語を発表した。「島取というのは、島を掴んで飛び去って行く鳥のこと、頭は小さいが足が島を掴むことができるほど大きい。虫やミミズなどは食べない。鮎のような小魚を食べる。鷲科の大きな鳥。島は人工の島で、それほど大きくはない。それを掴んで飛び去ったが、申し訳ないと思ったのか、島を返しにきた」という発表をした。この創作熟語に相当な自信をもっていたらしい。単純に夢見る少女趣味の想像ではない。旺盛な空想力と独特の思考力を感じる。二つ目は、介護の仕事をしている21歳になる年野（仮名）君が、「広山島」を発表した。「広山島の山は火山のことです。ハワイもそうですが、日本にもあります。火山が噴火して溶岩が流れ出て海までいってだんだん陸が広がっていく島のことです。今も広がり続けている島があります。広山島というのは、そういう島のことです」と発表した。彼の既知の知識と創作熟語という構造に論理的に整合性をもたせようとするところは、理屈っぽいというより思考の深さだと思う。それにしても小学校の時の話型を今も保っているのは、ちょっと不思議な気がした。

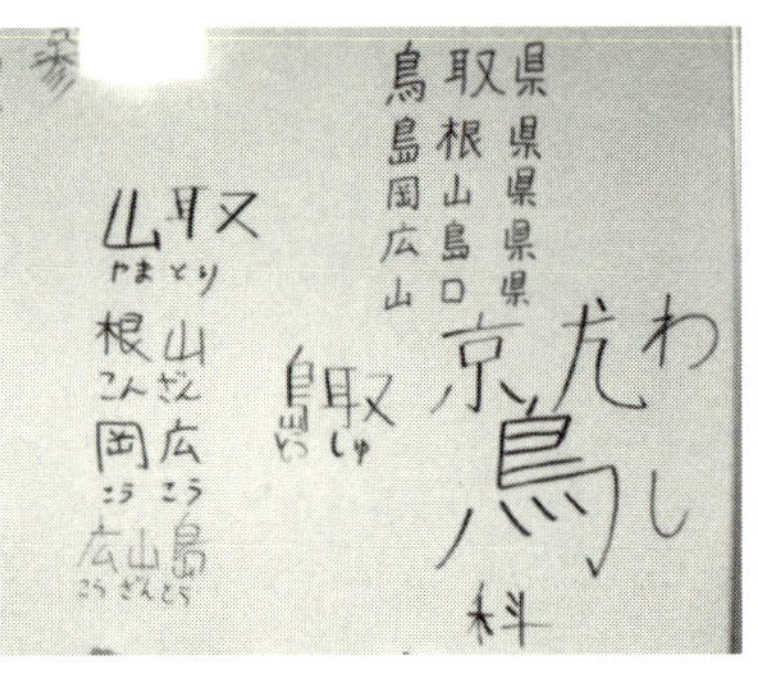

次の週も峻大君は、全国分の県名を丁寧に書いてきた。学校だったら、自主的に宿題をやってきたら、褒められるはずだ。でも、イチゴママ塾では、真面目に丁寧に一生懸命に努力することは、それほど重んじられない。私の悪戯の虫が再び動き始め、「峻大よ、端っこのほうにあってな、小さい県だったから誰も気が付かなかったけどな、近畿地方には最近もう一つ県があったことが分かったんや」と伝えたら、峻大君は信じられないとも悲しみとも挫折感ともつかない気持ちが、三すくみになって凄い形相になった。「今の近畿地方の県名にある漢字の組み合わせで、名前が付いたらしいで。当ててごらん」と私は続けた。峻大君は「近畿地方は、7つです。大阪府、京都府、兵庫県、滋賀県、奈良県、和歌山県、三重県」と涙ぐんだ目で応戦し、県名の部分を何度も繰り返して耐えようとしたが、程なく他の塾生が次々に入室してきた。峻大君と私のやり取りを聞いて察したのか、古参の竜野（仮名）君は『村上がまたやってるな』と私の悪戯に調子を合わせてきた。「ああ、そういえば、ニュースで言ってたな。何ていう県だったかな」と尻馬に乗ってきたので、峻大君は救われないと思ったのだろう。落胆と諦めの面持ちだった。結局、この日に来ていた全員が新しい県名を考えることになった。高月（仮名）君は「京庫県」、竜野君は「和歌奈県」、香織さんは「奈京県」、峻大君は「大賀府」をそれぞれ提案した。続いて、それらの県の特別天然記念物や特産物の話題になった。峻大君は、動物が大好きで、既に全国の主要な動物園はすべて踏破している。地元の動物園にも休日など足しげく通っているようだ。だから特別天然記念物の話になると俄然、興味を示し始めた。落ち込んだ気持ちを回復させたようだった。それぞれが提案した県の特別天然記念物の名前と特徴は、次の通りである。高月君の弟である伴弥（仮名）君の提案も記しておく。伴弥君は小学6年生で唯一、定型である。イチゴママ塾では、他の学習塾とは違って、定型だからとて特に有利なことは何一つない。常識程度の知識はまるで意味のないものになってしまう。

むしろ邪魔になるくらいだ。ついでに、この時はいなかった他のメンバーも紹介すると、竜野君の双子の弟である年野（仮名）君。竜野君と年野君の後輩である大斗（仮名）君。大斗君は高等部の2年生である。一番遅くイチゴママ塾に来るようになった新参である。

推測するに、子どもが提案した名前の由来は、その位置的なものを想定しているところからきているようだ。愚徳庵の子どもたちから推測して、自閉傾向のある子どもは、地方名と県名を一致させて覚え

●高月君の提案

県　　名	京庫県
特別天然記念物の名前	たぬきつね
特　　徴	かぼちゃを食べる。足は短い。顔は大きい。山の中に住んでいる。体高は16m、身長152m、尻尾は中くらい。小さい耳。丸い目。口は赤い。

●竜野君の提案

県　　名	和歌奈県
特別天然記念物の名前	鹿熊（しぐま）
特　　徴	体は熊で顔は鹿。主に草を食べる。草食系。足は中ぐらい。他の動物に遭遇するとすぐに逃げる。子育ては体を丸めて温める感じで、簡単に言えば、卵を温める感じ。見たことない動物、レア、希少動物。5m、臆病、細目、口は小さい、牙はない。鼻はツンとしている。尻尾は小さめ。

●峻大君の提案

県　　名	大賀府
特別天然記念物の名前	象麟（ぞうりん）
特　　徴	足が太い。顔、大きい。首は長い、70m。草食。草、葉っぱを食べる。尻尾は70m。体高60m。耳、小さい。目は小さい。口は大きい。体は大きい。昔はおった。今はおらん。

●香織さんの提案

県　　名	奈京県
特別天然記念物の名前	白麒麟（はくきりん）
特　　徴	森に住んでいる。人に会うと小さくなる。人がいなくなったら元通りの大きさになる。知ってる人に会ったら色が変わる。食べ物は草木の実。顔は中くらい。目は可愛い。ハート型。人に会うと目が変わる。ハートみたいに。身長は10m。体重は１kg。耳は兎ぐらい。よく聞こえるようにそういう耳。尻尾は２cm。川とか森。足は短い。首は少し細め。鼻は伸びる。口は普通。子育てしない。歯はちょっと牙がある。

●伴弥君の提案

県　　名	都奈県
特別天然記念物の名前	猫犬（ねこいぬ）
特　　徴	食べ物は魚。骨を探してしゃぶる。足は小さめ。尻尾はちょい長い。身長6cm。大きいもので80cm。顔は猫、体は犬。毛玉が好き。糸みたいなものを追いかける。ペットとして飼われる。野良は親子で行動する。 住んでいるところは、山の近く、海の近く。耳は5cm程、目は猫みたいで少し鋭い。山にいるものは、落ちても足から着地する。身体能力は高い。海に落ちても犬掻きで戻れる。子育ては丸まって温める。口は小さい。牙が生えている。鼻は犬みたいで濡れている。

ている確率がとても高いように思われる。

動物名大喜利の巻

次の週のイチゴママ塾は、「動物の名前を考える」という課題に取り組むことにした。県名を考えることで、やる瀬無い思いをさせた峻大君のために、その気持ちを払拭してやりたかったからだ。動物好きの峻大君は、「麒麟」と漢字で書けることが自慢で、以前は頻繁に「僕は麒麟と書ける。先生は麒麟書ける?」とよく聞いてきた。私が「難しくて、書けない」と言うと、嬉しそうにほほ笑むのが恒例の儀式のようになっていた。

一番乗りでやってきた峻大君に「海豹と書いてアザラシと読む。海驢と書いてアシカと読む。海獺と書いてラッコと読む。海象と書いてセイウチと読む。膃肭臍と書いてオットセイと読む」と漢字を書いて見せると、峻大君の目が一気に輝いた。そこに、他のメンバーがドヤドヤとやってきて、頻りに感心しながら、好き勝手に意見を言い始めた。「これって辞書に出ているの?」、「当て字じゃないの?」、「正式な漢字ではない」、「書き順て、誰が決めたん?」、「海驢は直立二足歩行ができるが、他はできない」などと言う。「ゴーラルは牛の仲間、尾長ゴーラルが京都市動物園にいる」、「8月26日、京都市動物園でキリンの赤ちゃんが生まれた」と峻大君が知識を披露し、マニアックなところを見せる。「後ろ向きにいくのかな?」、「トドは大きいで」、「牙があるのは、海象や」、「海驢って、ロバなん?」、「オスとメスで、大きさが全然違うのはなんでやろ?」などなど。続いて、羚羊についての議論が始まった。「羚羊は鹿ではないらしい」、「山羊とか羊の仲間でもないらしい」、「どうも牛の仲間らしい」、「じゃ、何故、羚羊という字になってるのやろ?」、「角が生え変わらない」などなど知っていることを言いながら、峻大君がリードしていった。

そこで、知っている動物を漢字で表してみようということになった。動物名大喜利になった。ここでも、塾生の創造力には驚かされる。この課題は2週目の火曜日になっても、漢字での表現が次から次へと、いくらでも湧き出るかのように溢れ出た。

競い合うように、いろんな話をしながら、楽しみながら漢字を読んだり、書いたりする。いつしか当然のように動物名の範囲を超えている。この活動はコミュニケーションにおいて重要な意味があるように思う。言葉や文字の正しい使い方とか挨拶とかを教え込んでも、本当のコミュニケーションにはつながらない。翻弄ぶように言葉に触り、弄って、手垢を付けて、自分の体臭が染み込んで、玩具みたいに言葉を貸したり借りたり汚したりしているうちに、相手の臭いにも気づくようになり、言葉だけではないリアリティのあるコミュニケーションになっていくと思われる。

●動物名大喜利

1	陸長鼠＝いたち	年野
2	空陸海竜＝ドラゴン	竜野
3	陸草幻蛇＝ツチノコ	年野
4	空海鳥＝かもめ　鴎	年野
5	土穴＝アリ　蟻	竜野
6	草切＝カマキリ	伴弥
7	草飛王＝殿様バッタ	年野
8	山赤尻＝猿　サル	伴弥
9	陸伝虎＝白虎　びゃっこ	伴弥
10	空黒鳥＝烏　からす	峻大
11	海化石魚＝シーラカンス	年野
12	海虫＝カブトガニ	伴弥
13	池葉＝蓮　ハス	村上
14	池虫＝あめんぼ　水黽	年野
15	海獣＝イルカ　海豚	高月
16	水小緑＝みどりむし・ユーグレナ	伴弥
17	林虫＝カブトムシ	高月
18	池赤＝ザリガニ	竜野
19	林虫王＝ヘラクレス大カブト	年野
20	海黒大魚＝鮫　さめ	峻大
21	森音＝鈴虫	伴弥
22	森楽虫＝バイオリン虫	年野
23	海土魚＝カジキ	高月
24	雪氷魚＝わかさぎ	年野
25	雪象＝マンモス	伴弥
26	雪不飛＝ペンギン	伴弥
27	河土肉＝鰐	峻大
28	河土口＝カバ	年野
29	海豪＝シャチ	伴弥
30	森竜黄＝まむし　蝮	年野
31	海豪大＝じんべいざめ	年野
32	草首長＝キリン	峻大
33	空虫＝蜂	竜野
34	空虫危＝スズメバチ	年野
35	血吸虫＝蚊	村上
36	森化＝狸　たぬき	伴弥
37	化石海＝鸚鵡貝　オウムガイ	年野
38	森化黄＝狐　きつね	年野
39	土雨＝みみず	伴弥
40	草大猫＝ライオン	峻大
41	土石下＝だんごむし	伴弥
42	土雨＝なめくじ	竜野
43	土雨貝＝蝸牛　カタツムリ	年野
44	海大獣＝鯨　クジラ	峻大
45	海宿＝ヤドカリ	年野
46	緑竜水＝うつぼ	高月
47	海平＝カレイ（ひらめ）	年野
48	海宿＝イソギンチャク	伴弥
49	海赤＝鯛	竜野
50	土海河＝象	峻大
51	空海砂＝海亀	峻大
52	暑砂＝駱駝	峻大
53	海大＝マグロ　鮪	高月
54	川魚＝鮭	竜野
55	山池緑＝カエル　蛙	伴弥
56	立走穴＝ミーアキャット	香織
57	スタートダッシュ＝挨拶	竜野
58	河恋＝鯉	竜野
59	陸短足＝豚	竜野
60	冬温鏡＝蜃気楼	年野
61	光雪朝＝ダイヤモンドダスト	年野

62	氷寒雪＝ホッキョクグマ	峻大
63	砂岩石＝犀	峻大
64	地牛＝バイソン	高月
65	小魚＝サンマ	高月
66	静湯大＝カピバラ	香織
67	立毛兎＝アルパカ	香織
68	小馬＝ポニー	伴弥
69	臭花＝ラフレシア	竜野
70	緑長舌＝カメレオン	年野
71	白海＝マナティ	香織
72	南美＝マンゴー	伴弥
73	俳世＝松尾芭蕉	伴弥
74	映人＝手塚治虫	伴弥
75	雨色＝アジサイ	伴弥
76	綿葉＝タンポポ（綿毛）	伴弥
77	赤刺＝バラ	伴弥
78	小緑＝オナモミ	伴弥
79	陸南＝バナナ	高月
80	食取＝ハエトリ草	伴弥
81	父木＝パパイヤ	竜野
82	原黄＝タンポポ	伴弥
83	緑紫＝スミレ	伴弥
84	熱刺＝サボテン	伴弥
85	杉花＝花粉	竜野
86	黄華＝ひまわり	竜野
87	凍面道＝アイスバーン	年野
88	北似温大＝ヌートリア	年野
89	水草＝わかめ	高月
90	火地＝砂漠	高月
91	海地＝沖縄	高月
92	山砂火煙＝恐竜	峻大
93	地砂山海＝怪獣	峻大
94	鉄箱黒＝ロボット	峻大
95	夜森暗家＝おばけ	峻大
96	火土＝溶岩	高月
97	風空＝鷲　わし	高月
98	不飛鳥＝鶏　にわとり	竜野
99	目鳥＝鳩　はと	竜野
100	大岩海＝海蜥蜴	峻大
101	酸果山＝パイナップル	竜野
102	水火＝蒸気機関車	高月
103	虫飛＝蜻蛉　とんぼ	高月
104	黒白車＝パトカー	峻大
105	白赤車＝救急車	竜野
106	古里先生＝フルトラマン	高月
107	油火＝ガソリン	高月
108	赤車＝消防車	峻大
109	横長車＝バス	竜野
110	電走＝JR	高月
111	空雲飛＝飛行機	峻大
112	火田＝畑	高月
113	仁水＝温泉	高月
114	空海＝船	峻大
115	高縦長車＝リムジン	年野
116	夏火＝祭り	高月
117	石火＝石炭	高月
118	電中長＝地下鉄電車	峻大
119	速電車＝新幹線	峻大
120	水走竜＝エリマキトカゲ	年野
121	目小先生＝古里先生	高月
122	空雲風羽＝ヘリコプター	峻大
123	水魚竜＝ウーパールーパー	年野
124	白水＝白イルカ	高月
125	名統領＝リンカーン	伴弥

イチゴママ塾での「飛んで仮名文」

イチゴママ塾でも「飛んで仮名文」をした。動物名大喜利よりもスムーズに出てくる。はじめは平仮名だけを扱うのでハードルが低いこともあり、どんどん創作活動が続いた。

竜野が「ひ、ら、う…さて何でしょう」と出題すると、他の塾生たちが真意を推し測りながら、「ひ」の付く言葉を連発していく。「ひいらぎ」、「光」、「人」、「ひどい」、「火遊び」、「日の暮れ」、「豹」、「平仮名」、「日当たり」、「火祭り」、「左足」、「膝」、「羊」、「広い」……当てる気などないように思えるほど躊躇なく出てくる。そのうち正解の「久しぶり」という言葉に辿(たど)り着く。当たると、やはり喜ぶ。次に「ら」の付く言葉を連呼していき、ほどなく正解の「ラーメン」に至る。「う」も同様にして、「嬉しい」が出る。すべての正解が出揃ったら、出題者の竜野君が、最後の締めとして「久しぶりに、ラーメンを食べに行って、嬉しかった」と言う。

続いて、香織さんが「あ、の、し…さて何でしょう」と言うと、皆が「あ」の付く言葉を大量に放出していく。正解だという保証がないと寡黙になる一般的な風習とは正反対の現象である。すぐに「あ」は「暑い」と判明する。しかしながら、次の「の」はなかなか当たら

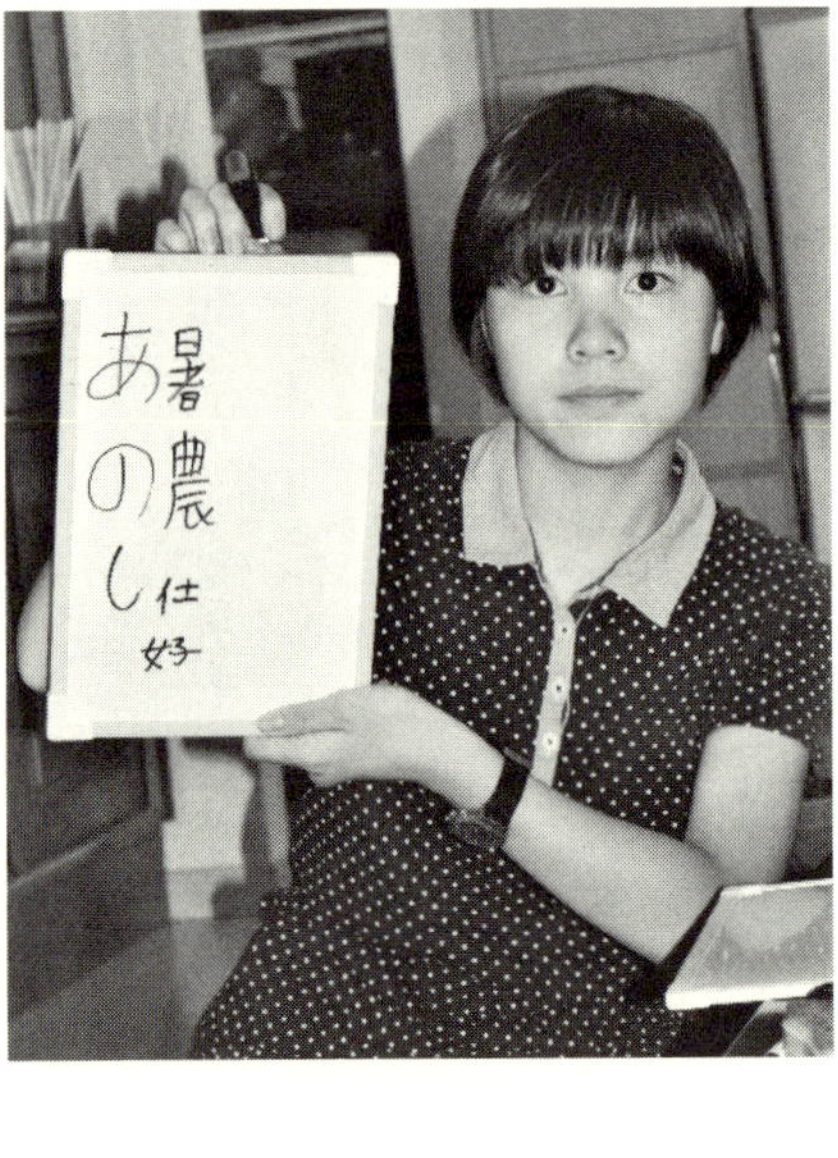

ない。そんな時は、仕方なく「ヒントはないの?」となる。ヒントを言っても、なかなか難しい時もあって、漢字でヒントを示すことになった。「農」である。出題者が漢字を書けない時は、私が代わって書いたり、竜野君がスマホで調べたりして本人が書く。するとすぐに「農業」という正解が出る。次に「し」は、しばらくして「仕事」だと分かった。最後に香織さんが「暑いけれど農業の仕事をしてみたい」とまとめた。これは、なかなか難産だった。それで答えが難航する時は、漢字1文字でヒントを出すことになった。皆で「飛んで仮名文」を繰り返し楽しんだ。塾生たちの知的遊戯を眺めている時、ふと、「飛んで仮名文」のヒントの漢字を並べることを思いついた。以前、熟成しておいた小学校の支援学級での記憶が甦(よみがえ)った。「き、ひ、た、だ……給食で平天楽しみ大好き」から、「給平楽大」だ。ヒントの漢字3文字が並ぶ光景を思い浮かべていたら、あと1文字の漢字を加えると4文字になると在(あ)り来たりの発想で『こりゃ四文字熟語になる』と考えた。

四文字熟語という定番はあるが、二字熟語でさえ創作するのは簡単ではない。漢字を選んだとしても、文字の並べ方だけでも2文字なら2通りだが、4文字なら24通りになる。12倍難しくなるわけだ。「飛んで仮名文」は配列が自動的に決まるし、そのことについては考えなくてもいい。香織さんに「暑いけれど農業の仕事をしてみたいということに、気持ちとか思いとかを加えるとして、漢字で言うなら、どんな漢字になる?」と尋ねると、「好」と答えた。つまりこれで、「暑農仕好」という四文字熟語が成立したわけだ。これをまとめの言葉で言うと「暑農仕好というのは、暑いけれど農業の仕事をしてみたいということです。好きだからです」となる。さかのぼって、竜野君の「久しぶりに、ラーメンを食べに行って、嬉しかった」にヒントの漢字を当てたとして1文字加えて、「久拉嬉気」となった。これを締めの言葉で言うと「久しぶりに、ラーメンを食べに行って、嬉しかった。気に入ったラーメン屋が見つかった」

となった。

この時の創作四文字熟語を紹介すると「弓刺失苛」、「蛸紅桃乗」、「動運部通」、「真時面帰」、「嫌玉令外」、「乗鷲電落」などが創り出された。敢えて、意味は記さないでおこうと思う。その意味を想像してほしい。雰囲気的には、4文字の音読みを発音すると漢詩を読むような何か高尚な響きがあるように思える。「飛んで仮名文」で遊んだ結果として、難しそうな四文字熟語が創れて、達成感も味わえる。定型の大人でも、いきなり気の利いた四文字熟語を創るとなると、時間もかかるし、それ相応の覚悟が要るし、凄い抵抗を感じることになる。しかし、「飛んで仮名文」のヒントの漢字を考えるプロセスだと、案外気楽にできてしまう。

「飛んで仮名文」は、漢字を意識しなくても日常的な会話を思い浮かべるだけなので、抵抗なく始められる。作文に比べると書かなければならない文字数が極端に少ないので、楽である。クイズ形式の活動なので、当てたいという欲求から自然に問題を聞こうとするようになる。そして出題者の趣味とか生活習慣など個性を前提に大量の言葉を思い浮かべ考えることになる。出題者のほうも当ててもらいたいので、漢字のヒントを工夫する。特に外来語をどのように漢字にするかの思考過程は、非常に興味深いところだ。例えば、年野君は「ゆ、か、み」を「遊組水姤というのは、遊園地でカップルが水遊びをしているのを見ると嫉妬す

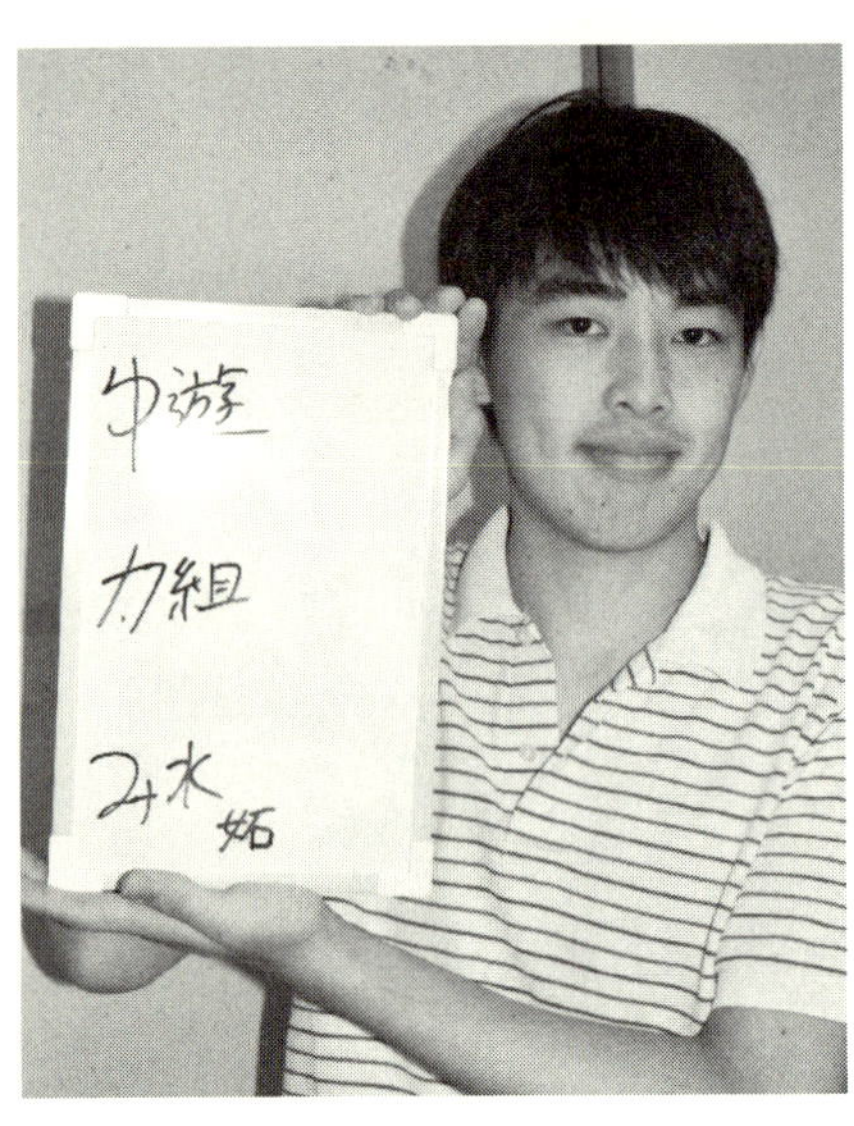

る」と話したが、「カップル」を「組」としたのである。実に当を得た変換である。直接漢字で示すことができる場合もあるが、できないこともある。これらが楽しんでできるようになったのは、恐らくは動物名大喜利で開花した能力が影響しているだろう。

このようなやり取りを見ていると子どもたちが互いの文化を交流しているように思えてくる。既に知っている相手の顔や名前や年齢だけでなく、より深く内面的なことまでも想像し、分かってくるようになる。出題者は、問題を出しているようで、結局、自分自身を表している。回答しているほうも、はじめのうちは相手のことを推し測っているが、次第に自分の生活経験や個性が反映された言葉が表出してくる。両者とも単なる説明ではなく、内面的なものを表す表現になっている。普段は無表情に見える塾生たちも内的には生き生きと活動していることが分かる。このような光景を見ると彼らの創造力に圧倒されるが、それだけでなく一人ひとりの塾生たちの個性が表れていて、何とも愛おしく思えてくるのである。

ユーモアシンポへの作戦

神戸大学のユーモアシンポで、イチゴママ塾のメンバーで「飛んで仮名文」のライブ授業を披露することになった。竜野君、年野君、高月君、香織さんの4名が生徒である。ここで一つ問題がある。それは、香織さんが人前では緊張が強く、泣き出してしまうことがあるのだ。それで四つの作戦を考えた。一つ目は少しでも安定させるために、お母さんや元担任の古里先生も一緒に出演してもらうこと。二つ目は冒頭での生徒たちの自己紹介はしないこと。その代わり、生徒たちと私がノリツッコミの掛け合いをしながら、私が生徒たちを紹介すること。三つ目は、香織さんが自分以上に緊張して追い込まれている人物を見たら、かえって落ち着くのではないだろうかと考えた。そのターゲットは、共同研究者で懇意であり、ユーモアシンポの主催者でもある、神戸大学の赤木先生である。赤木先生にアタフタする道化役をやってもらい、香織さんの緊張を和らげることに一役買ってもらおうと画策した。でもプロの役者ではないので、緊張してアタフタする演技をするのは難しい。そこで、敵を騙すなら先ず味方からという故事に習い、赤木先生には内緒にすることにした。騙し討ちである。そして、最後の四つ目は、授業者である私が全編にわたって、ギャグや冗談を散りばめて会場の笑いをとり、雰囲気を和ませるよう心がけることである。

他にも、細かいことだが、授業が始まって会場に慣れるまで、子どもたちはしばらくは何もしなくてもいいように、村上が会場全体と対話したり、辞書係と話したりして一定の時間を確保すること、子どもたちが最終的に四文字熟語を創造することに関して、簡単にできることではないことを予めアピールし価値づけること、会場の参加者に「飛んで仮名文」の教材構造、内容を理解してもらうために、例題を子どもたちと一緒に手っ取り早くやって見せること、子どもたちに漢字を書かせるのは時間がかかるので、漢字を書く役割を別の協力者にしてもらい時間短縮すること、会場の参加者にもただ聞いているだけでなく、「飛んで仮名文」の問題などを考えてもらうなどして、会場にいる全員を巻き込んでいくことをユーモアシンポへの作戦とした。以上のようなことを盛り込んで、次のようなシナリオを書いた。

ライブ授業のシナリオ

（黒板の左上に既成の四文字熟語の短冊を12枚、左下に感情や気持ちを表す漢字カードを36枚貼っておく）

神出鬼没	空前絶後
臥薪嘗胆	喜怒哀楽
自由奔放	沈思黙考
森羅万象	支離滅裂
混然一体	奇想天外
傍若無人	格安物件

楽	嬉	痛	寂	嫌	安
懇	憧	恐	尊	許	悩
侮	愛	辛	驚	悪	苦
悲	怒	涙	謝	睡	疲
困	怪	恥	懐	哀	欲
喜	笑	普	快	憎	幸

村上　「今から国語の勉強をしようと思います。今日は賢そうなお客さんがいっぱい見に来てくれはったので、子どもたちに自己紹介させると緊張してしまいます。後で村上が紹介します。その代わりお母さんと元担任の古里先生と赤木先生には自己紹介してもらいます。また、子どもたちの漢字辞書係をしてもらいますのでよろしくお願いします。自己紹介するにあたって、ここにある漢字四文字熟語の意味を自分なりの解釈をしながら、ユーモアのある自己紹介をしてください」

村上「1番は、古里先生。栢森さん、佐野さん、赤木先生の順にお願いします。それで、同じ四文字熟語は使わないでください。トップバッター、古里先生です。最初が一番有利です。どれでも好きな四文字熟語を選べるから。最後の人は、残ってるものしか使えないから、大変です。でも、大丈夫、今日だけは、特別に赤木先生には、スマホとか辞典の代わりに天下の京都大学に首席で入学して、学術博士号を取った優秀な頭脳を自由に使ってもらっていいですから。ということは、赤木先生が一番有利ということになりますね（笑）」

古里「（空前絶後を選び）「空前絶後というのは、研修の時など、前のほうの席は空いていることが多いけど、本当にやる気があったら、後ろの席には絶対に座ってはいけませんということです。小学校で高月君と香織さんの担任をしていた古里です。よろしくお願いします」

村上「さすが現役の先生らしい教員研修のこと言わはったな。古里先生でした。次、佐野さん、お願いします」

佐野（森羅万象を選んで）「大昔は世界中のどこでも、森という森には、どこでも何万頭もの象が住んでいたけれど、現在では極、限られた地域にしか象がいなくなってしまった。自然を大切にしないといけないと思います。佐野香織の母です。よろしくお願いします」

村上「ナチュラリストの香織さんのお母さんでした。次、栢森さん」

栢森（傍若無人を選び）「傍若無人というのは、傍には若者が一人もいなくなって、年寄りばかりになってしまうという日本の高齢化社会をまるで予見していたような熟語です。高月の母です。よろしくお願いします」

村上「凄い、面白いこと言わはったね。高ちゃんのお母さんでした。次、赤木先生」

（赤木先生がドギマギする）

赤木（何れかを選んで）「何にも思いつきません。そんな上手には言えないです。勘弁してください（笑）。ごめんなさい。神戸大学の赤木です。よろしくお願いします」

村上「仕方ないですね。最近、コンビニの前でアイスクリームを食べて、財布を落として、結局見つからず、奥さんにこってり絞られた赤木先生でした（笑）。それでは、一応聞いておきますが、誰の自己紹介が良かったかな。良かったと思う四文字熟語の解釈をしてくれた人に拍手をしてください。一人だけ拍手が少ない人がおられましたね。残念！　この四文字熟語だけは合格しませんでしたね。誰のやったかな？（笑）」

（赤木先生が落ち込み、笑いが起こる。香織は落ち着く）

村上「それでは、子どもたちの中に双子がいますので、紹介しておきます。よく似ていますよ。双子のお兄さん出てきてください。優しくて社交的な竜ちゃんです。その弟君、出てきてください。（わざと香織が出てくる）弟って言うてるやん。香織は女の子やろ（笑）。あれ、香織、いつのまにそんなに美人になったんや？　女優さんになれるで」

香織「そんなわけないやろ。（香織が鏡を出して覗き込んで）あっ、ほーんまや」（笑）

村上「それでは、ほんまの弟君、出てきてください。（わざと高月が出てくる）あのな、顔の大きさが違いすぎるやろ（笑）。あれ？　高ちゃん、（二の腕を指して）ここ、古里先生みたいに太、太なってるで」（笑）

高月「そんなわけないやろ。（自分の二の腕を掴み）あっ、ほーんまや」（笑）

村上「ほんまの弟君出てきてください。弟の年ちゃんです。ここで、こんな都都逸（どどいつ）知ってる？　肉屋夫婦に、双子ができた。これがほんとのソーセージ」（笑）

竜野「それって、魚肉ソーセージか？」

年野「それは、魚やろ。肉屋って言ってたやろ」（笑）

村上「竜ちゃん、年ちゃんでした。さて、それでは、これから子どもたちに、めっちゃ難しいけれど、漢字熟語を考えて書いてもらいますが、どうですか？」

子どもたち「イヤー無理、無理！」

村上「そうか、そやなー。じゃ、平仮名でいこか。こんなん分かるかな？　こ、べ、か…さて、何でしょう？」

年野「神戸大の、ベッピンさんを、彼女にしたい」

村上「そやな、年野らしいな。彼女できたことないものな。竜野は、モテモテやのにな。双子やのに違うもんやな。でもちょっと違うねん。神戸大は合ってるけど……」

香織「神戸大で、勉強したら、賢くなった」

村上「正解すごいな。このごろ、賢い臭（にお）いしてるわ。あれ？　賢いだけちゃうやん。めっちゃ美人になってるやん。もうアイドルか？」

香織（香織が鏡を出して覗き込んで）「そーんなことないわ。あっ、ほーんまや」（笑）

村上「これを『飛んで、仮名文』というんやけど、こんなふうに問題を作れるかな？　もし、なかなか当たらなかったら、今日は漢字でヒントを出すことにしよう。漢字が分からなかったら、辞書係がスマホとか電子辞書を持ったはるから大丈夫、赤木先生はパソコンもスマホも使用禁止やけど、京都大学卒業の頭脳を使ってもいいですよ（笑）。……さて、作れる人手を挙げて！」

（4名の子どもたちが、即興で「飛んで仮名文」をする。ヒントの漢字も考える。漢字が難しい時は、辞書係に聞く）

村上「できましたか？　それでは、お話ししてもらいましょう」

ここまでが事前に考えて書いたシナリオである。

ライブ授業

本番の授業では、前半はほぼシナリオ通りに進んでいった。大勢の人前で話す機会が少ないお母さんたちは、さぞ緊張されたことだろう。しかし、高月君のお母さんも、香織さんのお母さんも、もちろん古里先生も、とても素晴らしい演技ぶりだった。ただ一つ予定外だったのは、緊張してドギマギして失敗するはずの赤木先生が、ぶっつけ本番なのに見事な自己紹介をしてしまったことだ。自分の身に起こった実際のエピソードを用いて、機知に富んだものだった。おかげで全員が素晴らしい自己紹介をすることになり、コントラストがなくなってしまった。しかし、会場は笑いに包まれ、香織さんの緊張は、その間にどんどん和らいでいったので、一応の目的は達成された。心配していた香織さんの第一声のノリツッコミもうまくでき、笑いをとれたので、気持ちの安定を超えて、いい調子に乗ってきた。

「飛んで仮名文」の教材内容、構造を説明する時に、「こ、べ、か」に対して、即座に高月君が「コーヒー、ベーコン、カステラ」と言った。予想外に反射的な反応である。彼は、食べ物の名前が次々に言える特技があるが、その才能を遺憾なく発揮していた。「こ、べ、か」の真意を当てようとする意思が高月君にあるかどうかなんて、どうでもいいことのように思えてくる。小賢しい理屈を抜きにして、食べ物に徹するということで潔さを感じる。高月君のパフォーマンスは抽象表現主義の絵画のように、無焦点、多焦点、オールオーバーの手法に共通しているように思えてくる。そこに既成のものを超えていく圧倒的なパワーを感じるのである。香織さんも、シナリオ通り「神戸大で、勉強したら、賢くなる」と大きな声で言えたことで、ますます調子づいてきた。準備が整ってきた。

ここから後は、正に即興であって、シナリオは一切ない。高月君が、先陣を切って「これは、と、に、い…と言います。さて、何でしょう」と言った。高月君が先陣を切るのは少し意外だった。てっきり竜野君か年野君が一番に発表すると予想していた。年野君が答えて「鶏肉を、ニンニクと一緒に、炒める」と言った。見事な回答だ。とても即興とは思えない。高月君はあっさり「違う」と言って、会場のほうも答えがなさそうだと見て取り、自ら漢字でヒントとして「東」と書いた。それを見て、元担任の古里先生が「東映太秦映画村の、忍者ショーに、行く」と答えた。高月君は「ちょっと違う」と判定した。そして「忍」と書いて、「忍者」は合っていることを示した。香織さんが「東映太秦映画村へ、忍者ショーに、行く」と助詞だけを変えて言ったら、正解とは言わず、「行」と高月君が書いた。どうも語尾の形が違うらしい。次に竜野君が「東映太秦映画村に、忍者屋敷に、行きたい」と言うと、やっと「正解」と宣言した。そして、「楽」という漢字を選び、「東忍行楽というのは、東映太秦映画村に、忍者屋敷に、行きたい、です。楽しかったです」と表現した。時系列の表現が変だったが、以前に行ったことがあり、楽しかったということと再び行きたいという願望が、むしろよく伝わってきた。文法上の正誤を超えた表現である。無表情な上辺に比べ、内的に生き生きと活動していることが分かる。この四文字熟語に対し、殿堂入りランプが光り、合格ピンポンが鳴った。

次に竜野君が「せ、サ、に…さて、何でしょう?」と言った。すかさず高月君が手を挙げ「煎餅、サラダ、煮る」と食べ物に徹した回答をする。皆に「食べ物ばっかりやな」と言われるが、高月君らしさを存分に発揮していて、清々しい。些細なことに拘らないところがいい。次に会場に振ったが、急に当てられた方は「せっかく、サイゼリヤに行ったのに、日本だった」と苦肉の回答。ここで、竜野君がヒントとして「先」という字を書いた。すぐに反応して「先輩に、サッカーを、逃げること」と高月君が答えた。そのうち、先輩とサッカーが当たっていた。助詞はぐちゃぐちゃだが、会場の回答に比べると驚異的な的中率である。双子の弟の年野君や高月君や会場の方が細かいニュアンスを答えたがピッタリとはいかず、最後に赤木先生が「先輩と、サッカー部に、入部した」と言って、正解に至った。そして赤木先生に「蹴」という字を教えてもらって「先蹴入嬉というのは、先輩に、サッカーを誘われて、入部した。

「と、に、い」高月くん

嬉しかったということです」と完成した。これも、生活経験がそのまま表現されている。

次に香織さんが「お、い、べ…さて何でしょう？」と言ったら、またもや高月君が間髪入れず手を挙げ「お好み焼きに、イカを入れて、弁償する」と言った。高月君は急速に進歩していることが分かる。食べ物だけじゃなく、「弁償」が入ってきたのと、単語の羅列ではなく、文章になってきている。さっき、食べ物ばっかりだと批判されたことと他の皆が文章として回答しているのを見て、軌道修正したのだろう。高月君の内に豊かな陶冶性(とうやせい)を感じる。香織さんは何かが吹っ切れてきて、どんどん調子に乗ってきた。会場にも答えを求めたりした。会場からは、「お友達と、一緒に、弁当を食べた」、「お母さん、いつも、弁当作ってくれてありがとう」、「怒られながら、いつも、勉強する」、「俺は、いつでも、勉強する」、「一昨日、いい感じで、勉強した」、「お父さんと、いろいろなことを、勉強した」などが出た。これらの回答は、香織さんの言いそうなことを推し測ってのことだが、どこかしら、回答者本人の生活が滲んで見える。回答者も無意識に、ある種の自己表現をしているのだろう。

「お、い、べ」香織さん

「せ、サ、に」竜野くん

なかなか答えが出ないので、ヒントの漢字「姉」を書いた。難産だったのに、最後は高月君が「お姉ちゃんは、いつも、勉強している」と答えた。正解だった。高月君は、食べ物名の羅列ばかりしている段階から、文章になってきたと同時に、食べ物以外のことも回答の要素に取り入れ、ついには、正解を言い当てることができたのである。とても近しい間柄である。このような関係の場合、発達レベル以上に正解率が高くなると思われる。香織さんと高月君は、小学校の時の級友であり、ずっと家族ぐるみの付き合いが続いている。香織さんは「姉常勉尊、意味は、お姉ちゃんは、いつも、勉強していて、尊敬しています」と締めくくった。これも、日常的な生活経験が表現されている。姉に対する敬意が表れていて、とてもぐっとくる。聞いていて、優しい気持ちになる。

最後に年野君が「く、か、も…さて、何でしょう?」と出題した。またまた高月君が「栗と、柿を、持って帰る」と即答した。正解ではなかったが、回答のレベルは最初と比べ格段に上がっている。賞賛に値する。自分でも、それが分かっているのか、いつもの無表情ではなく満足気な笑みが見て取れる。それに対して年野君も「秋やからな」と付け加える。双子の兄の竜野君が「クッキーの材料を、買おうとしたが、もう忘れてしまった」と言ったが、「俺まだそこまでボケてないから大丈夫」と弟が返す。赤木先生が「苦しい姿を見せるよりも、カラッとしてるほうが、モテる」と言ったが、これも外れた。年野君はマイクを持って会場を縦横無尽に巡り、大学生たちと対等に渡り合って、否、対等というより、完全に喰っている感がある。「誰でしたっけ、神戸大学の方、たしかこの辺だったと……」などと絶好調である。一人の学生が「悔しいな、顔もかっこいいのに、もっとモテたい」と言ったのに対し、すぐに「ありがとうございます」と返し、「褒めてくれたので、嬉しいです」と答えた。見事な応答である。その上、その学生に「彼女いますか」と質問し、「彼女います」と返され、悔しがるポーズまでして見せた。次に女子学生に振ると「暗い顔をしてるより、可愛くしてるほうが、モテる」と、これも自分自身が滲み出ている。会場は、既に年野君の大車輪の活躍に圧倒されている。どんどん仕切っていく。そして「冬」という漢字を書き、「冬のイベントです」と口頭でヒントを出した。そして、何名かの回答を重ねて難航した末に、赤木先生と古里先生の合わせ技で「クリスマスに、彼女がいないことには、もう慣れた」が出て、続けて高月君のお母さんが「クリスマスまでに、彼女を、もう、すぐつくりたい」と答えたところで正解となった。改めて「冬彼既辛というのは、クリスマスまでに、彼女がほしいと言って、もう4年、辛いです。そういう意味です」と言って結んだ。年野君は、もてる能力を最大限に発揮して、多くのことを軽やかに乗り越えているように見える。介護の仕事に就いている彼はフィギュアスケートの羽生結弦選手のジャンプの種類をすべて覚えていて、「今回、羽生選手が金メダルを取れなかったのは、演技構成の難度が高すぎたから」と専門的なことを言うので驚いたことがあった。フィギュアスケートが好きなのでも羽生選手のファンでもなくて、介護の利用者に話題を合わせるために、テレビから得た知識の受け売りだと言っていた。自分を暗いとか彼女がいないとか自虐的なネタを言いながら、誰よりも明るく爽やかに日々を楽しんでいる。

高月君は「東忍行楽」、竜野君は「先蹴入嬉」、香織さんは

「姉常勉尊」、年野君は「冬彼既辛」をそれぞれ創って、自分なりの表現ができて、確かな充足感を得たようで皆笑顔になった。

コメント

飛んでる遊び心

奈良女子大学
麻生　武
Takeshi Asao

村上先生と歳下の仲間たちの活動に少しでも巻き込まれると、世界が違って見えてくる。世界が明るくなり、今までと違った奥行きが見えてくるような気になる。それは、小さいけれど、何かとてつもないことが生じているのを感じることだ。具体的な例を示そう。今回の「ユーモアシンポ」で、村上先生が美人の香織さんを紹介するシーンを思い浮かべてほしい。村上先生が「香織、いつのまにそんなに美人になったんや？　女優さんになれるで」と声をかけ、香織さんが「そんなわけないやろ」と打ち消して、手鏡を出して自分の顔を見て「あっ、ほーんまや」と笑いをとるシーンである。

コント作家である村上先生が書いた台本による、女優である香織さんのみごとな演技である。香織さんは人に注目されることが大の苦手である。その彼女がみごとにコントを演じているのである。このシーンだけでも香織さんを知る人は感動する。この短い演技の背景には村上先生と仲間たちとの長い歴史がある。かつて、香織さんは同じ古里学級の二年上だった高月君と漫才コンビを組んでいた。二人はコミュニケーションが少し苦手な子どもだった。二人が、やりとりの間合いやタイミングを楽しく学ぶには、漫才を練習するのがよいのではないか。そんな奇想天外なアイデアが、村上先生の頭にひらめいたのである。非常識なびっくりするような発想である。当時、村上先生は、二人の児童からなる古里学級の授業アドバイザーであった。ひらめいたアイデアを実行するために、村上先生はまず、漫才における「ボケとツッコミ」「ノリとツッコミ」のタイミングを研究することにした。何度も何度もテレビで漫才を見た結果、ついに微妙な間合いの呼吸を発見したのである。大発見だ。その高揚感をもって、村上先生は高月君と香織さんに、漫才の極意を授けようとしたのである。もう、これは「遊び」だ。「遊び」ほど真剣に取り組まれるものはない。村上先生は、二人に、いや古里先生も入れた三人に、この漫才の「ボケとツッコミの間合い」の面白さをぜひとも伝えたいのだ。大人が真剣に面白がって、子どもたちにその面白さを伝えようとすると、子どもたちにもそれが伝わり、子どもたちもその大人と「遊んでくれる」ようになる。かくして、担任である古里先生も巻き込んで、「漫才ごっこ」という高度な遊び学習がなされたのである。

それから三〜四年たった。だが、その「漫才トレーニング」の成果は失われていなかった。それが、今回の香織さんの演技である。みなさんは不思議に思わないだろうか。香織さんと高月君は、もともと漫才に関心があったわけではない。その二人を誘って、漫才をやらせるなんて村上先生はいったい、どんな魔術を使ったのだろうかと。だが、それは実際には、すごく簡単な仕組みだ。村上先生が、高月君と香織さんと古里先生を「遊び」に誘ったのだ。もちろん、それは、この「漫才ごっこ」が初めてのことではない。いつものことだ。いつも、それは「面白い」そして「楽しい」。それが分かっているから、高月君も香織さんも古里先生も、村上先生につきあって「遊んでくれた」のだ（※一般に、子どもが相手してくれないと大人は子どもと遊べない）。村上先生は、長年にわたって古里学級の「遊び」のリーダーなのだ。言わば、古里村のガキ大将といってもよい。

1 「遊び」のガキ大将

村上先生は、子ども時代の天才漫画家水木しげると似ている。どちらも「遊び心」が半端ではない。幼いときに水木しげるは、本当に実によく遊んでいる。『のんのんばあとオレ』（1990）には、今日どこにも存在しなくなった子どもたちの世界が生き生きとして描かれている。水木しげるは、5、6歳の頃から、地域の子どもたちと遊ぶとき、いつもリーダーであるガキ大将にあこがれていた。そのあこがれのガキ大将になれたのは、水木しげるが小学校高等科の2年のときである。ガキ大将は、いざなってみると楽しいというより大変な責任があった。リーダーシップを発揮し権力を振るえる代わりに、仲間の人望を集めなくてはならない。水木は、一度配下の子どもたちを遠泳に誘い、おそろしく危険な目に遭わせたことで信頼を失いかけたことがあった。そこで、部下の信頼を取り戻すために、水木は毎晩家に呼んでトランプをして遊んでやるというサービスを考え出した。これが気に入られて、みながガキ大将の言うことを聞くようになったと思うや、家族の文句で残念なことにトランプ大会は中止になってしまったのである。ガキ大将には苦労が絶えない。水木しげるによれば、ガキ大将は独裁者だが、「子どもの世界の独裁は、独裁的にやりながら、どうじにみんなを喜ばせなければいけないからむずかしい」（P216）のだ。また、「ガキ大将は一銭の金も使わずにおもしろい遊びを指導し、ガキどもを満足させなければならない。それなりに知恵も使うのだ」（P215）。

古里村のガキ大将である村上先生は、どれだけそのサービス精神を発揮して、歳下の部下たちをリードし楽しませてきたことか。その信頼関係の長い歴史があるからこそ、高月君も香織さんも「漫才ごっこ」

に乗ってくれたのだった。村上先生は、今もガキ大将だ。「イチゴママ塾」という歳下の仲間からなる集団を率いている。それだけではない、もっと年長の20歳から60歳台のメンバーからなる「キミヤーズ」という集団も率いている。この集団の副大将は赤木参謀である。村上先生のサービス精神も、水木しげるに負けない。プリント学習絶滅のための勉強会「キミヤーズ塾」に一度でも参加された方ならすぐに、それを理解していただけるだろう。ガキ大将である村上先生は、「勉強会」であっても、参加者が楽しむ「お祭り」であってほしいと切に願っているのである。

2 村上先生の並外れた「三つの力」

村上先生のどこがすごいのか。私は、村上先生に卓越している点が三つあると思っている。一つ目は、「遊び心」である。二つ目は、「創造性」である。三つ目は、「反骨精神」である。それら三つを持っていること自体は、それほど特異なことではない。それらは、「教育」にかかわる人には必須のものである。先生が並外れているのは、それぞれの質というか、そのパワーである。

一般的に言うと、「子育て」に必要なのは、「遊び心」と「創造性」。「反骨精神」は必要ではない。「学問（研究）」に必要なのは、「反骨精神」と「創造性」。「遊び心」はスパイスになるが、必ずしも必要ではない。「芸術（アート）」に必要なのは、「創造性」と「反骨精神」と「遊び心」。「学問（研究）」と似てはいるが、「遊び心」が必要な点が異なっている。「教育」に必要なのは、まず「遊び心」と「創造性」。その点は「子育て」と共通である。少し違うのが「反骨精神」も必要だという点である。教育される側の「創造性」を高めようとするならば、教える側の「反骨精神」が不可欠だからである。

「遊び心」：「遊び心」とは何か、簡単に説明しておきたい。「遊び心」のルーツは、哺乳類の親が子どもを可愛がる心にある。私はそう考えている。子どもを可愛く思い、子どもの旺盛な探索活動を魅力に感じ、攻撃性を抑制する心が「遊び」の原点だ。ところが、人はその気持ちを子どもに投影して、子どもを「遊ぶ」存在だと思ってしまうのである。だが、実は、子どもが「遊んでいる」と思うのは、大人の「遊び心」のなせるわざなのである（麻生1994、2007、2010）。「遊び」はそのような哺乳類の「心」から生まれた特殊な心的態度だ。よって、「子育て」や「教育」に「遊び心」が必要なのは当然のことと言える。ところが、残念なことにそのことを理解していないというか、「遊び心」がやせ細ってしまった親や先生が増えているのである。さまざまな折に、子どもを可愛く思うには、哺乳類としてヒトが培ってきた「力」が必要である。なぜこの子は○○が分からないのだろう、なぜこの子は○○が分かるのだろう。どちらであれ、それを不思議に思う心が、子どもを可愛く思う「遊び心」に他ならない。

村上先生ほど子どもを可愛く思っている先生はいない。成人になった峻大君はサービス業の仕事をしている。そこでは挨拶するように指導されている。「反骨精神」の塊である村上先生はそれが気にくわない。村上先生に「挨拶するな」、と理不尽な要求をされた峻大君は、先生宅を訪問する際、必ず郵便受けを確認し入っている郵便物を先生に差し出し、挨拶代わりにしている。この峻大君の対処法にも感動するではないか。その柔軟性を感じ取って、村上先生は郵便受けにミカンを入れたり、コーラをなみなみと入れたコップなどを入れておくのである。これは、ある意味で「からかい」だ。しかし「いじめている」のでは決してない。型にはまった行動を取りがちな峻大君に揺さぶりをかけ、撹乱して、峻大君の応答を楽しんでいるのである。峻大君がどう対応するのか、わくわくドキドキなのである。それは、峻大君と村上先生とのコミュニケーションである。「子育て」や「教育」を楽しんでいる人なら、この村上先生の「遊び心」がきっと分かるだろう。

「反骨精神」：村上先生の「遊び心」が半端ではないことは、以上からも分かってもらえたと思う。村上先生の「創造性」も半端ではないことは、「飛んで仮名文」といったゲームや、それを活用した四字熟語「創作」遊びからも理解できるだろう。では、「反骨精神」はどうなのか。実は、この村上先生の「反骨精神」こそが、村上先生の並外れた「遊び心」と「創造性」の起爆エンジンなのだ。単なる、漢字の書き取りの反復学習なんて、反吐が出るほど嫌いだ。「せんせい、あのね、どうぶつえんに行ったよ。ぞうは大きかった。とてもたのしかった。」といった定型的作文指導なんて、子どもの豊かな発想を型にはめる最悪の指導だ（ときっと思っているに違いないと、私は勝手に想像している）。村上先生はとにかくラディカルだ。もっと子どもたちの主体性を尊重し、彼らの豊かな創造性を発揮させて、もっと授業空間を、創造的な協働作業の場に変える必要がある。そう心底感じているからこそ、「うんち文字」「創作熟語」「ローテーションカード」「見えない積み木」（村上・赤木、２０１１）など、あっと驚く「遊び心」に富んだ「創造的な」教育的な取り組みがどんどんひねり出されたのだ。村上先生の反骨精神を示す、村上語録から四つの語録を紹介しておこう。「『正しい』ということほど『怪しい』ものはない」。「偉そうにしたら、それでもう人間終わりだ」。「権威、権力には逆らわず、徹底的に逃避すべし」。「オリジナリティにこそ真価を見出すべきだ」。これが村上魂である。

3 創作熟語

村上先生が発明した漢字学習の活動に、「創作熟語」という取り組みがある。子どもたちが、漢字の意味の理解を深め、漢字を自分のものにするための工夫だ。詳しくは、『キミヤーズの教材・教具』（村上・赤木、２０１１）を見ていただきたい。たとえば、「『赤足』と書いて『せきそく』と読みます。その意味は、『赤ちゃんの足のことです』。『貝石』と書いて『ラッコ』と読みます。その意味は、『ラッコは貝を石で割るからです』。」といったような活動である。漢字を二つ組み合わせて、短い文章を作るのである。一つひとつの漢字のイメージを頭に描いて、その二つを統合してお話を創らなければならない。普通の漢字の熟語「火事」を覚えるには、読み方を「かじ」と覚えて、そしてお手本の「火事」を何度もノートに書いて練習することになる。そして、次に「火事」ということばを使って短い文章を作る課題になる。このような学習には、創造的な能力は一切使わない。村上先生は、この種の学習は退屈で退屈でたまらないのだと思う。それは子どもの身になってのことだ。私も漢字学習が大嫌いだった。「『嫌学漢』と書いて、『けんがくかん』と読みます。『漢字学習が大嫌いなこと』を意味します」。このような創造的な漢字学習なら、私も救われたのにと思う。漢字が好きになったかもしれない。

この「創作熟語」の発展型が、「イチゴママ塾」で行われた、存在しない県名を創るという「遊び」である。22歳の峻大君が日本の県名をすべて書いてきた。きっと村上先生に褒めてもらいたかったのだろう。それが村上先生の「遊び心」に火をつけた。俊大君が可愛くてしかたがなくて「からかう」のだ。「峻大、近畿地方には最近もう一つ県があることが分かったんや」と大嘘をつく。近畿地方には府と県が七つあることを学習している俊大君にとって、これは理不尽きわまりないことである。しかし、周りの塾生も村上先生に合わせて適当なことを言い、新たに見つかった県名の名前を言い始める。みんな「遊び」始めているのだ。県名を創作する遊びには乗り切れなかった峻大君だが、それぞれの県の天然記念物の動物の名前を挙げる遊びになると、動物が大好きなだけに、その遊びに乗って「大賀府」（峻大君が考えた県名）の特別天然記念物の動物名を「象麟（ぞうりん）」として、その特徴を説明して、「昔はいたが、今はもうおらん」と語っている。自分の得意な領域になると、誰でもより創造的になれる。「動物の名前を考える」というテーマになると、塾生たちの創造性が爆発している。私が気に入った創作熟語を少し再録しておく。21歳竜野君の「池赤（ザリガニ）」、弟の年野君の「土雨貝（カタツムリ）」、峻大君の「草大猫（ライオン）」、小学校6年の伴弥君の「雪象（マンモス）」などである。たくさんの漢字が組み合わされ、たくさんの会話がなされたことは間違いない。村上ガキ大将と一緒になって夢中で遊んでいると、仲間のつながりもでき、みながそれぞれ成長していく。それが「イチゴママ塾」だ。

4　飛んで仮名文

「イチゴママ塾」の塾生たちは、すでに村上先生とのつきあいも長く、ガキ大将との遊び方のコツもよく分かっている。ところが村上先生は、小学校の特別支援学級で出張授業を引き受けてしまったのだ。私の個人的な感想だが、支援学級というのは学年も異なるさまざまな発達レベルの子どもたちがいる。そのクラスに出張授業をするというのは、よほどの前もっての打ち合わせがなければ、本来あり得ないことのように思う。依頼者が、それを認識されていたのか、今ひとつよく分からないのだが、A村のガキ大将を、B村の一日ガキ大将にするということは基本的に無理なことである。だが、真面目な村上先生は、その不可能に近いことを引き受け、そのニーズに答えようと、寝ている間も考えたのである。

村上先生は、以前から、子どもたちにもっと自由な作文をしてほしいと願っていた。確かに、子どもたちに日記を書かせることは、きわめて有効な教育方法と考えられている。特に、ことばがある程度使える、自閉傾向の子どもたちに、日々の体験をことばにするように丁寧に指導することは、私も優れた方法と思う。日頃、その子が通っているスーパーの写真を入れて、「今日、スーパーに行きました。大好きな○○を買ってもらいました。嬉しかったです」といった作文指導をするのである。村上先生本人に確認したわけではないが、このような常識的な作文指導には、きっと持ち前の「村上反骨精神」がうずき始めるのだ。なぜ、体験したことをステレオタイプの表現に押し込めようとするのか。表現というものは、もっと自由で開放的なものではないのか。本人の学習のため、本人の未来のためであるという錦の御旗をかかげた、陳腐な指導案のために、どれだけ多くの子どもたちが退屈な思い、苦しい思いをしてきたのか、それを村上先生は想像し、爆発するのだ。「きのう公園で、虫取り網でマンモスを捕まえました。お母さんがその肉を料理してくれました。とても美味しかったです」。このような自由な作文を書くチャンスを、子どもたちに与えたい。これは、長年の村上先生の願いである（※以上私の独断的解釈です）。

「ノーヒントクイズ」：村上先生は、そのために「うんち文字」を始め、さまざまな試みにチャレンジしてきた。「飛んで仮名文」はそのような歴史の中から生み出されたアイデアである。本書では、紹介されていないが、この「飛んで仮名文」の最高度の難関クイズが「ノーヒントクイズ」である。基本は「飛んで仮名文」と同じである。たとえば、「ノーヒントクイズ、『くし』」とみなに宣言する。「飛んで仮名文」だと、「く」のつくことばと、「し」のつくことばを、出題者のイメージした文を当てればよいのである。たとえば、「正解は『(く) 車の中で (し) 新聞を読みました』それを『くし』と言います」である。「ノーヒントクイズ」は、もう一つバージョンが上である。この「くし」ということばが、「く」のつくことばと、「し」のつくことばをつなぐヒントになるように出題しなければならないのだ。食べるのが大好きな高1の高月君の出題が「くし」であった。その答えは、「くるまエビ」と「ししゃも」であった。高月君曰く、「どちらも串刺しで焼かれてるのを見たからです」。さすが、食べるものにこだわる高月君ならではの解答ぶりである。みなその答えを聞いて、高月君の「心」が分かったように思い感動した。このタイプのクイズを作るのはとても難しい。私が「イチゴママ塾」にゲスト参加して、褒められた出題が「ノーヒントクイズ、『むし』」である。答えは、「ムカデとシロ蟻で、虫と解く」。二つ目の答えが「無関心とシカトで、無視と解く」である。村上先生に褒められて嬉しかった。というように私も、「イチゴママ塾」に巻き込まれてしまったのである。出張授業でも、そのようなペースで子どもたちを乗せてしまうのが、村上先生のパワーである。

「スキルではない遊び心だ」：だが、大事なことを忘れてはいけない。村上先生がやっているのは教授法の一種のスキルなんかではないことだ。村上先生に出張授業を依頼する方々は、村上先生のすごさをそのスキルにあると誤解しておられるのではないだろうか。「ローテーションカード」(※分からない方は、ぜひ村上・赤木2011を読んでください) も、決して単なるスキルではない。あれをどのように活用するのか、それは一人ひとりの子どもたちのことを、よく理解して、誰よりも可愛く思っている村上先生の「遊び心」によってなされている。実は、子どもたちも、そのことがよく分かるから、村上先生につきあって（先生と）「遊んであげている」のだ。その二つの「遊び心」がうまくかみ合ったとき、「ローテーションカード」が最高に盛り上がるのである。それを単なるスキルと思ってはならない。すごいのは、卓越した「遊び心」と「創造性」にかける情熱と、すべての常識を疑う「反骨精神」である。それを、学ぼうとして村上先生に出張授業を依頼するのは、筋が通っている。依頼する方々が、そのことを十分に分かっておられるのか、横から見ていて少し気になる。

最後に、今回の村上先生の原稿を見て驚いたことがある。「ユーモアシンポへの作戦」として、綿密なシナリオが作成されていたことである。自閉症スペクトラムの人たちにのびのびとした力を自由に発揮してもらうには、丁寧なシナリオが必要なのだ。これは私には大発見だった。即興を生かすためにこそ、型を作るようなシナリオが必要なのである。災害時のデフォルトとして、対処法が明確化されているほど、いざとなったとき臨機応変な対応が可能になる。これは気がつかなかったことだ。この方法が、メンバーの自主性を育てていることは、21歳の年野君が、シンポの会場でマイクを持って自由に笑いをとりながら即興的な役割をみごとにはたしていることからも確かだと言えるだろう。

〈引用文献〉

・麻生武（１９９４）遊び　岡本夏木・高橋恵子・藤永保（編）『生活と文化』（講座「幼児の生活と教育」第二巻）第三章　岩波書店（pp.59-84）
・麻生武（２００７）『発達と教育の心理学：子どもは「ひと」の原点』培風館
・麻生武（２０１０）遊びと学び　佐伯胖（監修）・渡部信一（編）『「学び」の認知科学事典』大修館書店（pp.128-145）
・水木しげる（１９９０）『のんのんばあとオレ』ちくま文庫
・村上公也・赤木和重（２０１１）『キミヤーズの教材・教具：知的好奇心を引き出す』クリエイツかもがわ

コラム

自閉症の子どものユーモア研究の現状

九州大学
田中真理

自閉症のユーモアについて研究報告をしている論文の数は、決して多くはありません。むしろ、非常に希少といってもよいくらいです。その研究報告数は、PsycINFOという検索データベースによると、自閉症研究全体では39013件の研究報告がヒットしますが、そのうちユーモアについての研究はわずか37件のみです。自閉症研究全体の0・1%にも満たないのです。一方で、どのような研究が多いかというと、セラピー（治療）の領域など（7000件近くの研究報告があります）です。そしてこれらの研究のほとんどは、本書「はじめに」で述べられている「計画通りの実践」研究であり、アセスメント結果に基づき計画を立てた介入をして、その効果測定をするという手法がとられています。このこと自体、自閉症児と楽しい時間を過ごすにはどうしたらよいかよりも、自閉症からくる問題状況や不適応状態をセラピーで改善しようという価値評価を背景とした発想のほうが大きく占められていることを物語っているともいえます。つまり、自閉症の笑いのツボはどこにあるのか？などというテーマのもと、「だけん、なん？」といわれそうな一見セラピューティックではない研究は重要視されていないことが数の少なさからわかってきます。

ユーモア研究自体は、1970年代から研究の蓄積がみられてきていますが（Nerhardt、1970等）、そのなかで希少な自閉症のユーモア研究において、どのような研究動向がみられるのか概要を述べていきます。自分がユーモアを発信する側よりもユーモアの受け手側に焦点をあてた研究のほうがとても多いため、ここではユーモア刺激（いわゆる笑いのネタ）をどのように理解し「面白い」「おかしい」という愉悦の情動が生じるのかというユーモア体験に関する研究領域に焦点をあてます。

ユーモア体験のプロセスには、①構造的不適合：一般的な知識や常識とのずれがあり、そのずれが生じている理由がわかりやすいものであるかどうか、②刺激の精緻化：その場面のその後の展開や、そこに登場した人物の心情などについてあれこれと連想が膨らんでいくかどうか、③意味性の評価：ユーモア刺激がその受け手にとって、重要な価値観に触れるものであるかどうか、が指摘されています（Derks、1997、伊藤、2009、2011等）。そして、多くの研究は、定型発達のひととの比較によって、これらのプロセスにどのような違いや特性がみられるかを示してきました。

①の構造的不適合があるユーモア刺激では、障害の有無にかかわらずユーモア体験を感じるという結果（Weissら、2013、Werthら、2001等）や、自閉症者では構造的不適合のユーモア刺激にはユーモアを感じない結果（Ozonoffら、1996、永瀬ら、2015）が示されているなど、見解は一致していません。一方、構造的不適合の存在がわかりやすいほど、ユーモアを強く体験することについては、一致した知見が報告されています（Samsonら、2013、Wuら、2014）。②の刺激の精緻化については、Samsonら（2010）は、自閉症者では定型発達者と比較して、登場人物に関する精緻化が少なくユーモア体験が生じにくいことを報告し、刺激の精緻化がユーモア体験の程度に影響を与えることが示されています（永瀬ら、2015）。しかし、Wuら（2014）の結果では刺激の精緻化とユーモア体験の強さとの関連は見出されず、見解が分かれています。③の意味性の評価について報告された研究は、私の知る限りまだ見当りません。

このように、①②に関する研究においては、まだまだ当該研究分野で一致した見解がまとまりモデル化できるほどには研究の蓄積がなかったり、③についてはほとんど皆無にちかい状態です。これらの研究対象の年齢も、5歳の幼児期から成人期後期58歳にわたる研究が混在しており、発達差をも含めた検討も当然ながら今後の課題となるでしょう。また、自閉症においては情動表出の特異性が指摘されているだけに、笑顔という表情表出をユーモア体験測定のためのツールとして用いることの妥当性、自己報告を用いることの限界や生理的指標の可能性等も大きな方法論的課題です。さらには、自閉症の中枢性統合（week central coherence）仮説（Happeら、2006）をふまえると、構造的不適合を面白いと感じるのかどうか以前に、中枢性統合の弱さからそもそもその不適合の存在に気づかないのではないか、ということも結果の解釈に大きく影響を与えてきます。このような自閉症の原因論との関連も検討課題です。

「ユーモア」と並び、本書でキーワードとなっている「即興」「創造性」を同じくキーワードにした心理臨床研究に「心理劇」研究の流れがあります。「心理劇」とは、複数のメンバーが即興でドラマを作っていくという手法をとる集団心理療法のひとつで、現代では心理臨床に限らず矯正領域や教育領域においても幅広く行われています。この研究領域では、自閉症児者を対象とした数多くの実践研究が報告されています（例えば、滝吉ら、2009）。心理劇実践においては、非常にプレイフルな場面展開を即興で行い、ユーモア体験を他者と共有していく心的作業が多々生じてきますので、今後は、この心理劇による介入研究とユーモア研究とをつなげていく研究も期待されます。

〈引用文献〉

・Derks,P.,Gillikin,I.S, Bartolome-Rull D.S., and Bogart, E.H.（1997）. Laughter and electroencephalographic activity. *Humor: International Journal of Humor Research*,10,285-300.
・Happe,F & Frith,U.（2006）. The weak coherence account: Detail-focused cognitive style in autism spectrum disorders. *Journal of Autism and Developmental Disorders*, 36, 5-25.
・伊藤大幸（２００９）感情現象としてのユーモアの生起過程：統合的モデルの提案『心理学評論』52, 469-487.
・伊藤大幸（２０１１）構造的・論理的不適合および無意味性がユーモアの生起に与える影響．第75回日本心理学会　ポスター発表，2EV-059.
・永瀬開・田中真理（２０１５）自閉症スペクトラム障害者におけるユーモア体験の認知処理特性：分かりやすさの認知と刺激の精緻化の影響『発達心理学研究』26(2),123-134.
・永瀬開・田中真理（２０１５）自閉症スペクトラム障害

者におけるユーモア体験の認知処理に関する検討：構造的不適合の評価と刺激の精緻化に焦点をあてて『発達心理学研究』26(1), 35-45.

- Ozonoff, S. and Miller, J.N. (1996). An exploration of right-hemisphere contributions to the pragmatic impairments of autism. *Brain and Language*, 52, 411-434.
- Samson, A.C. (2013). Humor(lessness) elucidated – Sense of humor in individuals with autism spectrum disorders: Review and Introduction. *Humor: International Journal of Humor Research,* 26, 393-409.
- Samson, A.C. and Hegenloh, M. (2010). Stimulus characteristics affect humor processing in individuals with Asperger syndrome. *Journal of Autism and Developmental Disorders*, 40, 438-447.
- Samson, A.C., & Antonelli, Y. (2013). Humor as character strength and its relation to life satisfaction and happiness in autism spectrum disorders. *Humor: International Journal of Humor Research,* 26, 477-491.
- Samson, A.C., Huber, O. and Ruch, W. (2013). Seven decades after Hans Asperger's observations: A comprehensive study of humor in individuals with autism spectrum disorder. *Humor: Interenational Journal of Humor Research,* 26, 441-460.
- 滝吉美知香・田中真理（２００９）あるアスペルガー障害者における自己理解の変容過程：心理劇的ロールプレイングを通して『心理臨床学研究』27(2),195-207.
- Weiss, E.M., Gschaidbauer, B.C., Samson, A.C., Steinbäcker, K., Fink, A. and Papousek, I. (2013). From Ice Age to Madagascar: Appreciation of slapstick humor in children with Asperger's syndrome. *Humor: Interenational Journal of Humor Research,* 26, 423-440.
- Werth, A., Perkins, M. and Boucher, J. (2001). 'Here's the weaver looming up' Verbal humour in a woman with high-functioning autism. *Autism,* 5, 111-125.
- Wu, C., Tseng, L., An, C., Chen, H., Chan, Y., Shih, C. and Zhuo, S. (2014). Do individuals with autism lack a sense of humor?: A study of humor comprehension, appreciation, and styles among high school students with autism. *Research in Autism Spectrum Disorders,* 8, 1386-1393.

3

即興パフォーマンスと発達

筑波大学　茂呂雄二

Yuji Moro

パフォーマンス心理学の視点

（パフォーマンス心理学とは）

本章では、パフォーマンス心理学（香川他、近刊予定）という新しい考え方から、砂川実践と村上実践の意味を考えてみます。

パフォーマンス心理学のいう、パフォーマンスを成果主義のそれと誤解しないでください。企業やスポーツの業界では、成果や結果の観点が重視されて、出来高や出来映えをパフォーマンスと呼ぶ場合がほとんどです。

しかしパフォーマンス心理学は、むしろ遊びや演劇の観点に立ちます。実生活では心優しい俳優が、テレビや映画で勇猛で冷酷な戦士を演じるように、自分とは異なる人物を演じたり、他の人物の振りをすることをパフォーマンスといいます。成果というよりも、自分とは異なる人物に〝成る〟プロセスに着目するわけです。

パフォーマンス心理学は、人々がこのような他者の振りをしたり演じたりすること、そしてこの振りや演じることが可能な環境を仲間と創ることが、発達をもたらすと考えます。私たちは、脳神経多様性（ニューロダイバーシティー）、社会的地位や役割、与えられた性役割、民族的な出自、それぞれの性的な指向性（セクシャリティー）、生まれ育った文化などによって、制限され制約されています。この制限や制約を乗り越えていくときに、パフォーマンスが有効です。他者の振りをして、別の人物のように演じることで、いつもやっていることを乗り越えられると考えるのです。

ところで、パフォーマンス心理学は、ほとんど心理学の教科書には載っていない考え方ですが、米国を中心に、既に40年近くも持続してきた草の根の心理学実践から生まれた心理学です。感情の問題がある子どもや大人、そして特別なニーズのある子どもや若者が発達するのを支援する、草の根の心理学がこれほどまでに長く持続してきたことを考えると、もっと注目したい考え方です。

ここまで述べただけでお気づきの読者も多いのではないかと思いますが、村上実践も、砂川実践も、パフォーマンス心理学ととても相性が良く、親和性が高いように思えます。どういうところが相性がいいのか、なぜ相性がいいのか、両実践からパフォーマンス心理学が何を学べるのかについて読者のみなさんと一緒に考えていきたいと思います。その前に、パフォーマンス心理学とはどういうものなのか、短く紹介したいと思います。

〈パフォーマンス心理学の歴史〉

パフォーマンス心理学を生み出す草の根の文化運動を始めたのは、フレド・ニューマン（1935－2011）という科学哲学者です。1935年、ニューヨーク市ブロンクスの貧しいユダヤ人家庭の5人兄弟の末っ子として生まれたニューマンは、親兄弟誰も高校にも進学していないという環境でしたが、ニューヨーク市立大を経て、スタンフォード大学哲学科で博士号を授与されました。そして母校である、ニューヨーク市立大学で教鞭をとっていたにもかかわらず、1968年大学を去り、街場の哲学者になる道を選びました。当時のベトナム反戦と人種差別撤廃運動に積極的にコミットするには、象牙の塔にとどまるのではなく、街場で人々とともに新しい文化を創造するコミュニティーづくりの活動のほうがはるかに重要だと判断したためです（茂呂、近刊予定）。

ニューマンは、活動に共鳴し結集した多彩な若者たちと一緒に、実践を進めるための活動センターを設立して、さまざまな社会文化的な草の根の実践を発進し始めました。活動センターには、学習のための施設や劇場、無料の医療クリニック、印刷所などが併設され、センター利用者に対してさまざまなサービスが提供されていました。

このセンター利用者の中には、メンタルな面での困難を訴える人や、家族のことで相談を希望する人も多く、そういう利用者からの声を受けて、ニューマンたちは、ソーシャルセラピー（社会療法）というラディカルなセラピーを始めました。科学哲学者のニューマンは言語哲学者のウィトゲンシュタインの考え方にもとづいて、従来の心理学に対する鋭い批判からソーシャルセラピーを生み出しました。それはセラピーという名がついているものの、普通の心理療法やカウンセリングと違って、診断とそれにもとづく問題解決をあえて目指さないセラピーです。通常の診断＝治療モデルには、哲学の観点からは誤った前提が潜んでいて、この前提が問題の混乱をもたらしている、とニューマンは考えました。診断（問題の原因特定）と問題解決は自然科学のテクニックであり、人間には適さないのではないか。むしろセラピーをあらたな文化の創造のアート（わざ）に位置づけるべきだ、と考えました。いわゆる個人の内面重視の伝統的心理学というよりも、コミュニティーづくりを通して、私たちの日常生活にベタリング（より良いもの）をもたらす実践にしようと考えたわけです。

このように始まったソーシャルセラピーを飛躍的に発展させるきっかけは、ヴィゴツキーの発達論でした。ヴィゴツキーをニューマンに教えたのは、発達心理学者ロイス・ホルツマンでした。１９７０年代に、ヴィゴツキーを米国に導入した大立て者マイケル・コールの指導のもとで、ロックフェラー大学のポスドク研究員だったホルツマンは、研究のかたわらニューマングループとともに、ニューヨークの街中で貧しい子ども・若者のためのボランティア活動をしていましたが、結局コールのもとを去り、ニューマンの運動に参加しました。こうして、ニューマンのウィトゲンシュタインと、ホルツマンのヴィゴツキーと、二人に共通するマルクスの三者のアイディアがミックスされ、ソーシャルセラピーが発展していきました。

1979年、ニューマンとホルツマンと仲間たちは、ニューヨークソーシャルセラピー研究所を設立します。この研究所は、政府や自治体等から資金援助を一切受けないまま、パフォーマンス心理学を生み出していきました。

この研究所で、ボランティア活動に参加するものの中には、俳優、歌手、ダンサー、劇場スタッフなどのかなりの数の演劇関係者がいました。研究所付属の劇場は実験的な演劇の発表の場になり、ニューマンもこの劇場で戯曲を書き演出も手がけるようになりました。このとき演劇的なワークショップを俳優たちと始めたのですが、参加者から「とても良い経験だ、発達できそうだ」などの好評の声が上がりました。ニューマンとホルツマンは、参加者たちの経験を、ヴィゴツキーの演劇論や遊び論と結びつけて理解しようとしました。ヴィゴツキーは、遊びが乳幼児の可能性を一段と引き出すと述べていますが、ニューマンらはこのヴィゴツキーのアイディアが発達を考える上での一番の視点となると実感しました。乳幼児ばかりでなく、学齢

期の子どもたちも、さらには大人も、俳優が演じるように今の自分の行動とは異なる語り口や振る舞い方をあえて演じることで、つまりパフォーマンスすることで発達できると考えたのでした。

パフォーマンス心理学の考え方

既に述べたように、パフォーマンスという視点は、遊びは乳幼児期の発達の可能性を最大限に拡張する（いわゆる発達の最近接領域）というヴィゴツキーの考え方から引き出されたものです。この考え方の一番の事例は、赤ちゃんのことばです。赤ちゃんは、片言で母親と会話できてしまいます。日本語とはとてもいえないような喃語でも、母親の最大限の解釈と、この赤ちゃんは日本語を話そうとしているはずだという、母親からの信頼をもとにして日本語会話が成立します。例えば赤ちゃんが「バウブー」と言うだけでも、母親は「パパ、遅いね。窓のところまで見に行ってみようか」と返事をします。母親は、赤ちゃんの片言・喃語を、日本語じゃないよと否定することはけっしてしないですし、もっと日本語をお勉強してから出直しておいでなどと拒否することも絶対しません。日本語とはとてもいえない片言をもとにして、母親、兄弟、家族とともに創り上げる、グループ、チーム、アンサンブル、コミュニティーが赤ちゃんのことばの発達を創るのです。

幼児も、ごっこ遊びを通して、ヒーローに成り、お姫様に成ることができます。あるいは殴り書きをして、家族や保育者のところに「お手紙書いたよ」と持ってきます。私たちは、それを文字ではないと否定することは絶対しません。「よく書けたね。お母さん、大好きって書いてくれたのね」と応じます。

ところが、学齢期以降、勉強と遊びの区別の観念が導入されることで、パフォーマンスを通した学びは、急速に衰えていきます。パフォーマンスの環境づくりを、大人も含めた発達と発達支援の視点にできないでしょうか。パフォーマンスは、子どもだけでなく、大人も含めた生涯発達の視点とすることができるとパフォーマンス心理学は考えます。

ところで、今、日本語を話そうとしている赤ちゃんは、不思議な存在です。今の自分の能力では話すことができない存在で〈在り〉ます。しかし母親や家族とともに創るコミュニティーにいるとき、有能な日本語話者と〈成れ〉ます。赤ちゃんは、この意味で二重の生を生きているといえます。今の自分で〈在り〉ながら、同時に今の自分ではない、誰か他の人物に〈成ろう〉としつつあります。日本語をまだ話せない人で〈在り〉つつも、日本語を話せる人に〈成り〉つつあるのです。ニューマンとホルツマンは、マルクスの弁証法の考え方にもとづいて、私たちの発達しつつあるプロセスを「在ることと成ることの弁証法」と呼んでいます（Newman & Holzman, 2014）。

ここで、今一度強調したいのですが、パフォーマンスの概念は、成果主義にもとづいた出来映えや出来高を意味しません。パフォーマンス心理学のいうパフォーマンスは、むしろ、俳優が舞台で行う演劇活動に近いものです。俳優が、今の自分の心の在り方を超えて、違う人物を演じるように、パフォーマンスは、今の自分の限界（性別、セクシャリティー、エスニシティー、個人史など）の在り方（being）を超えて、それを突破して違う自分に成ること（becoming）を意味しています。

特に、俳優の演劇の中でも、即興によるパフォーマンスが、発達を考える上で重要になります（Lobman & Lundquist, 2007）。私たちの生は、いわば台本のない芝居だと見なすことができます。突発的な、予想をはるかに超える不意の事態に見舞われるなど、どんなに台本通りでなくとも、うろたえることなく、あらゆる事態をむしろ相手からの贈り物（オファー）といなして、ゆたかで創造的なパフォーマンスを返していく。それが発達であり、パフォーマンス心理学が目指す生のベタリングだといえます。

〔パフォーマンス心理学の実際〕

ニューマンらは、数多くの学習発達支援実践を展開してきましたが、以下の事例は実践のひとつ、バーバラ・テイラースクールの事例です。

この学校は、パフォーマンス心理学の考え方で作られた、ラディカルな私立実験学校でした。12年間の実験の末、1997年に財政難から閉校にいたりましたが、学校全体が〝学校ごっこ〟を演じ、パフォーマンスするというラディカルな考え方で運営されていました。私たちの基準からいえばカリキュラムといえるものはなく、子どもたちも参加する委員会で、この週、この日何をするかを決めていました。その決定は即興的で、例えばその日ある大学から来た科学の教授とともに科学者をパフォーマンスする等、知識詰め込みの暗記中心の勉強というよりも遊び中心のものでありました（茂呂、近刊予定）。

ある日の午後、ジャスティン（癇癪持ちの11歳男児）とレン（バーバラ・テイラースクールの学習ディレクター）は、アリス（8歳）とジュリア（別の学習指導者）が台本を書いたサーカスの芝居に参加していて、サーカスの途中で道化が演じるコマーシャルシーンをパフォーマンスしました。

レンとジャスティンが舞台に登場します。

レン「ジャスティン、今日は言語療法士のところには行けなくなったよ」

ジャスティン「（いったん固まり叫び声を上げ、癇癪を起こして床の上で泣きわめく）」

レン「（観客のほうをしばし見渡した後、封筒から紙玉を取り出し、かがんでそれをジャスティンの口元に持っていく。そして次のように高らかに言う）魔法の薬、マチョーレ・パルツ（英語の matured part に対応する、スペイン語。成長の姿というような意味）」

ジャスティン「（薬を飲んだ振りをして、レンと一緒に、もういちどシーンを演じる）」
レン「ジャスティン、今日は言語療法士のところに行けなくなったよ」
ジャスティン「（レンを見上げて、静かに言う）そうなの、じゃあ、家に帰ろうかな」

観客は多いに喝采をおくりました。

学習障害の診断を受け、また感情のコントロールに困難があるジャスティンは、幼児期からずっと、思い通りにならない場面で癇癪を起こしてきました。ジャスティンは小学校の特別支援学級にいましたが、小学校最後の年にバーバラ・テイラースクールに移ってきました。両親は、ジャスティンが特別支援学級で指導を受けても、もうこれ以上成長が期待できないのではないかと心配していたのですが、知人の紹介で、この学校に転校してきたのです。

さて、ジャスティンが舞台でレンと仲間と演じたことは、〝自然〟とはいえません。〝あえて、わざわざ〟行ったパフォーマンスなのです。癇癪を持つジャスティンも、学習指導者や仲間たちと一緒に舞台を創りながらパフォーマンスすると、いつもの自分の行動のやり方を超えることができたといえます。

ところで、パフォーマンス心理学では、社会文化的な規範をなぞることはパフォーマンスではないと考えます。それは私たちを固定した社会的役割や、パターンに縛り付けて、発達的学習から遠ざけるルーチン行動であり、パフォーマンスではありません。このように考えると、アイデンティティーも自分はこういうふうに行動して、こういうふうに感じるという固定した役割を演じることなので、これもパフォーマンスではありません。多くの場合、私たちは、ルーチン行動以外の自分をパフォーマンスすることが、本当の自分にとって正しくないと考えがちです。このようなルーチンのモードでは、ジャスティンの発達は停まってしまいます。ジャスティンは、癇癪持ちの子がどのように行動するかを繰り返してきました。癇癪という情動的反応は、じつは周囲の人々との共同作業で社会的に創り上げられてきたと考えたほうがいいのです。すると、環境の共同制作方法を変えれば、ジャスティンも変化できるのではないでしょうか。パフォーマンス心理学は、グループワークの中でさまざまなパフォーマンスの可能性を創り上げて、ジャスティンのような子に届けようとするものなのです（Newman, 1994）。

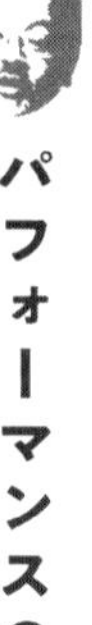

パフォーマンスのパワー

これまで説明したパフォーマンス心理学を含めて、子どもや若者たちの発達支援場面で、パフォーマンスや演劇的、即興的なやり取りが生み出すパワーに、今、大きな注目が集まりつつあります。即興パフォーマンスが、どのように子どもたちの発達をたすけているのか、いくつかの実践事例をあげながら、パフォーマンスが持つパワーを確認しておきましょう。

（シェークスピアでパフォーマンス）

英国ロイヤルシェークスピア劇団の女優でもある、ケリー・ハンターは、自閉症児向けのハンター・ハートビート・メソッドを考案しています（Hunter, 2014）。シェークスピア作品の形式と内容が、自閉症児らにとって大変役に立つという仮説に立って、自閉症児がプロの俳優たちとシェークスピア劇の一部を演じる中で、コミュニケーションや視線接触を上手にパフォーマンスできるようにするメソッドを考案しました。

まず形式面ですが、シェークスピアのほとんどの作品が、弱強5歩格というリズムで書かれていることが知られています。このリズムはトトン、トトン、トトンとまるで脈打つ心臓のようなビートが創り出すリズムで、私たちが母親の胎内にいるときから触れてきた基本中の基本リズムです。このリズムで芝居の台詞を声に出すことは、コミュニケーションをする上での安心感を得ることができるとハンターは考えています。

内容面についていえば、シェークスピア劇のテーマが、自閉症の子どもたちに〝心の目〟を与えることを可能にするとハンターは考えています。自閉症の子どもたちは、自分の考えや感情を表現するために、大変な苦労をします。ハンターは、ハムレットの有名な台詞〝俺の心の眼にだ、ホレイショー〟にも表れる〝心の目〟をキーワードにします。シェークスピア作品の中の話すこと、みること、考えることが含まれるプロットを子どもたちと演じることで、作品中の嫉妬、愛、野心、怒り等の複雑な感情を、子どもたちにも共有してもらえる、という考え方にもとづいています。

このメソッドを、米国のオハイオ州立大学のナイソンジャーセンターは、自閉症児のコミュニケーション改善のための手法として採用し、有効性の確認を試みています。

このパイロット研究（McClatchy, 2017; Ohio State University, 2012）では、２つのグループが、毎週、パフォーマンスゲームに参加するというセッションが2年間継続されました。今のところ、いわゆる数字で表すような定量的な証拠は公表されていませんが、公開されているビデオを見るかぎり、自閉症の子どもたちが苦手とする、視線を合わせることや言語的コミュニケーションを、より良いものにする上で役立っているといっていいと思います。

ビデオ資料から、ハンターのメソッドを使ったゲームの様子を見てみましょう。10数名の自閉症の子どもたちと俳優あるいは訓練を受けた大学院生が交互に輪になって座ります。リーダーが自分の胸の心臓の辺りを、右手で軽く優しく、脈拍のようにトトンとたたきます。全員がそれを真似します。やがて、トトンに合わせてヘロー（/helóu/）と言います。弱強―弱強のリズムで、トトン＝ヘ・ロー（/he- lóu/）とパフォーマンスします。慣れてきたところで、優しいヘローや、怒ったヘロー、悲しいヘローなど、感情を込めてパフォーマンスします。参加している子どもたちは、いわゆる高機能の子もいれば、コミュニケーションをほとんどしない子もいるようですが、皆このリズムに合わせることができて、しかも楽しそうにパフォーマンスしていることが見てとれます。

この導入的なパフォーマンスの後、よりアドバンスしたシーンも演じられています。それは『テンペスト』に登場する、キャリバン（ある島で発見されたことばを話さない生き物）とミランダ（主人公プロスペローの娘）を子どもたちと俳優が演じるもので、俳優のペアが見本を見せた後で、俳優が演じるキャリバンに、ミランダを演じる自閉症の子どもたちが、キャリバンという名前を教えるシーンを、一組ずつ演じていきます。俳優のキャリバンとうまく発音できない様子、子どもが根気強く、ゆっくりとキャリバンと教える様子は、周囲の見守る子どもたちの共感や

笑いを誘います。

さまざまな試み

即興パフォーマンスによる障害児支援は、ハンターのメソッドの他にも多数の試みが出現していて、そのバリエーションも多様です。ハンターのメソッドは前もって台本が用意されていましたが、もっとその場で創る即興性を強調するものもあります。例えば、演劇教育者マレー（Murray, 2011）は、アスペルガーの青年たちと3年間にわたる即興にもとづくクラスづくりを報告しています。この実践では、なかなか参加したがらない青年を、その場で創り上げる即興芝居によって、クラスに巻き込んでいきます。また実践家の多様性も目立ちます。例えば自らもＡＤＨＤと診断されたフェインシュテイン（Feinstein, 2016）は、舞台演出を学んだ後、ミラクル・プロジェクト（Hall, 2010）と呼ばれるユダヤ文化にもとづいたオリジナル音楽劇による演劇的な発達支援プログラムに参加し、自分自身のアクションプレイという演劇支援プログラムを展開しています。

このような多様なアプローチをロブマン（Lobman, 2015）は、パフォーマンスにもとづく支援の働きとして次の3種類に分類しています。⑴知的なスキル上の限界を超えるという働き、⑵アイデンティティーという縛りを超える働き、⑶感情の痛みをいやすというセラピー的な働き、です。⑴はハンターのメソッドが代表となります。⑵は例えば有色というエスニックな制約を演劇パフォーマンスで超えていく働きです（Holzman, 2009）。⑶は例えば、パーキンソンの実践（Parkinson, 2008）があげられます。パーキンソンは認知症の患者が〝忘れる〟ということをあえて演じることで〝忘れたくない、忘れるのが恥ずかしい〟などのネガティブな感情から解放された事例を紹介しています。

砂川実践――グループパフォーマンスが突破をもたらす

（発達空間としての砂川一座）

今回、はじめて砂川一座の舞台を神戸大学のシンポで見ることができました。大変な驚きでした。何に驚いたのか、それはエコールＫＯＢＥのみなさんの、虚と実を超えるパフォーマンスでした。どこが演技でどこが演技でないのか、どこが台本通りでどこが台本とは違うのか、そんな区別ができない、区別がアホらしくなるパフォーマンスに驚いたのでした。

砂川さんの章（17ページ参照）では、いくつもの想定外があったことが明かされています。しかし『犯人の説得』を会場で見ているとき、この台詞は台本通りなのか、それともアドリブで台本から外れることをあえて言ったのか、それとも単なる間違いなのか分からない台詞がいくつも出てきました。このことは、芝居の部分だけでなく、砂川さんによるインタビュー場面での受け答えにも同じようにたくさん出てきました。そして、これらの台詞や発言は会場の爆笑を誘っていました。

砂川さんの想定外という証言からすれば、台本から外れた失敗ともいえるものが、じつは大きな笑いにつながっていました。そうなると、これは失敗ではなく大成功なわけです。砂川一座のパフォーマンス空間には失敗や間違いという文字はないようです。失敗がないということは、リスクをとってチャレンジができる発達の空間だといえます。喜劇のパフォーマンスで、失敗をおそれずにおもしろいことの創造に集中できます。

通常は台本通りにできないことは失敗とされてしまいます。学校では特にそうです。学校は、知識を中心に作られています。知識の詰め込みと、それがきちんとできたかどうかの評価で作られています。学校は、発達の空間というよりも、適応の空間です。ここまで知識を身につけていないとダメだよ、と作られた基準や標準に如何に適応するかが問われる環境です。いつの間にか、知識の習得の程度そのものが一番になってしまい、正解と誤答で人を値踏みしたり区別するための環境になってしまいがちです。砂川一座の空間は、学校と真反対の、発達する空間だといえます。

チームワークはないです：コミュニティービルディング

「喜劇は『チームワーク』と『思いやり』！」のスライド解説のところで事件は起きました。砂川さんが、5人に次々にチームワークの意義について尋ねると、3人が「チームワークを感じたことがない」「チームワークはない」と答えて、砂川さんの頭を真っ白にさせました。私には、これ自体も、虚実を超えた発達のパフォーマンスに見えました。砂川さんと会場の聴衆に対する、オファーに思えました。オファーというのは、即興パフォーマンスで、相手から出される手がかりで、この手がかりをうまく引き受けて、そこから話を発展させる、発達のためのきっかけです。私には、5人のチームワークに対する答えのバランス全体が、とても良く、砂川さんのさばき方のうまさを引き立てる、愛にあふれたオファーに見えました。

このようなオファーを可能にするのは、コミュニティービルディングの過程だと考えられます。パフォーマンス心理学では、人間の学びと発達の特徴として、自分たちで、発達の環境づくりをすること自体が、発達の始まりだと考えています。砂川さんは、ニックネームを決めることから始めると書いておられます。ニックネームを決めて、まずは仲間になり、自分たちのコミュニティー(共同体)のメンバーになるところから始めるのは、まさにこのコミュニティービルディングを始めるということです。

ニックネームを決める間、青年たちの「表情は生き生きして」いるそうです。察するに、参加者の青年たちの顔は、新しいコミュニティーに参加することへの、喜びや嬉しさ、期待に輝いていたのではないでしょうか。障害があるということは、何らかの制限や制約を課されるということです。それは、何らかの固定化した、殻を創り出すのではないでしょうか。ニックネームを付けてもらって、新しいコミュニティーの住人となり、おおげさにいえば新しい生に向かって踏み出すことで、この創られた殻を打ち破って、新しいことにチャレンジすることになるのではないでしょうか。

先述のロブマン（Lobman, 2015）はパフォーマンスの働きのひとつに、制約や殻が創り出す悲しみをいやすことをあげています。パフォーマンスには、障害ということが創り出す固定化への抵抗と、固定化の突破の潜在力があります。砂川実践には、コミュニティーを通したいやしというセラピーの意味があるように思います。

演出家のはたらき

ところでキャシー・サリットというパフォーマンス心理学の実践家がいます。彼女は、現役の女優でもあり、職場のさまざまな問題解決のコンサルテーションをする会社『人生のパフォーマンス社』の社長でもあります。サリットは著書で会社における人間関係と、コミュニケーション改善のためには、人々は演出家の振りをすべきだと述べています（Salit, 2016）。

普通、演出家というと、俳優の演技を自分の思い通りにしようとして威圧するような声かけをし、思い通りにならないと灰皿を投げたりする、傍若無人の人物を思い浮かべますが、サリットがいうのは、そういうことではありません。他の人々の欠点やできない部分も丸ごと受け止めた上で、その人の中に隠れている可能性を引き出し、成長に導くような人物を演出家と呼んでいます。人の上に立ってリーダーシップを発揮するということは、上意下達型の強い指示をする必要はなく、部下の発達を支援し、それとともに自分も発達するという、新しいリーダーシップが演出家ということの意味なのです。

砂川さんがエコールＫＯＢＥの生徒さんたちに寄り添う態度を見たとき、私はまさにこのサリットのいう意味での演出家だと思ったのでした。

砂川さんは、体験型新喜劇に参加する青年たちが、楽しむこと、リラックスすること、生き生きすることを何よりも重視しているようです。舞台を観客に見せるという構えではありません。見せるという構えでは、成果主義になってしまいます。そうではなくて、何よりも楽しむための活動を重要視されているようです。そのことは「稽古が一番おもしろい」という発言に現れています。その意味では、砂川実践には本番と練習の境目がなく、切れ目のない実践が続くのです。砂川さんは、「舞台経験のない方でも、より簡単に、より楽しく、参加者に合わせたオリジナル作を演じてもらう」と書いています。参加者の個性理解に裏打ちされたオリジナルな笑いを演出する活動の中で、コミュニティーとして発達していくことが砂川実践を支える実践パフォーマンス心理学のように思えます。

村上実践――ことばの意味を変えて生の意味を変える

（恐怖の村上教室）

村上実践の『飛んで仮名文』『創作熟語』に神戸大学ではじめて触れたとき、正直にいいますが、私は〝怖い〟と思いました。それはかなり昔に小学校で味わった、怖さでもありました。村上先生に当てられて、四字熟語の意味が答えられなかったらどうしようという怖さを本当に感じたのです。それは、無知をさらす怖さであり、恥をかくことの怖さでした。

まず、それほどに、私にとってキミヤーズの授業は、意味が分からない混沌と無秩序に映ったのです。あまりにもわけが分からないので、私には勝手につくられたデタラメのように見える四字熟語が、じつは、よく知られたもので、会場の誰もが知っており、〝正解〟を知らないのは私だけではないかと自信がなくなりパニックになったのです。おおげさといわれるかもしれませんが、本当にそうなのです。赤木先生が当てられたときは、心底ほっとしました。「ああ、当てられなくてよかった」。

その後は、落ち着いてキミヤーズワールドを楽しむことができました。私の思い込みや思い違いが次々と壊されていく爽快感を感じながら、学校での教室の学習の限界とは何だろうか、ことばや文字の持つ創造性とは何だろうか、優れた教師に求められるものは何だろうかなどなど、さまざまなことをメモしながら、楽しむことができました。

学校の限界突破としての村上教室

村上教室の特徴はなんといっても、教室らしからぬところにあると思います。砂川実践でも触れたように教室や学校は正解主義と知識偏重主義で凝り固まっています。村上教室は、それ自体を打ち壊す破壊力で満ちています。

ところが私は、昔の嫌な記憶に負けてしまい、普通の正解主義のやり方で村上教室に参加してしまったのです。間違ったらどうしよう、みんなの水準に適応できなかったらどうしようという恐怖で、村上先生のせっかくつくってくれた遊びと創造性に満ちた、新しい教室に参加できなかったのでした。

普通の正解主義の教室では、教科書に載っている正解を覚えておけば安心です。ところが、『飛んで仮名文』は出題者の個人的で個性的な思いや経験を推し量らないと答えが出てきません。その意味では教科書も正解もない教材だといえます。辞書にも百科事典にも載っていない、いわゆる普遍的な答えという意味での正解はない問題を解くのです。

もうひとつ、普通の教室の作法を破壊しているのは、生徒が出題するというところです。パフォーマンス心理学を唱えたニューマン（1994）は、答えを出すことよりも問いを出すことの重要性を熱心に説いています。答えが分かっているような知識を振りかざしてもおもしろくない。むしろ問いこそが新しい生活を創るのだといいます。学校では、生徒は問いを出すことを許されません。この固定した生徒と教師の関係を、村上教室は、打ち壊すのです。

ことばの創造性

村上教室は、普段私たちが忘れがちな、ことばの創造性を思い出させてくれます。普通、ことばには日本語の文法があり語法がある、慣れ親しんだ慣用があると、ことばを固定化と標準化から見てしまいがちです。

しかし実際には、言語哲学者のウィトゲンシュタインが喝破したように、ことばはスポーツ等のゲームに似ているのです。野球がありサッカーがあるように、学校の言語ゲームがあり、家庭生活の言語ゲームがあります。村上教室には、独特のことばのゲームとルールがあります。それは、既製の学校型の正解主義ではないゲームであり、自由な熟語のつくり方のゲームなのです。

村上教室の言語ゲームは、普通の教室の言語ゲームとはまったく違っています。村上教室は、自由な創造性を発揮することを中心にしています。このことは、この教室では、定型発達の伴弥君が特に有利ではないことに現れます。近畿地方の新しい県の天然記念物の提案を見ても、確かに特段の差がないようにみえます。通常の教室の言語ゲームは、既に述べたように、正解と知識を中心にルールが作られています。村上教室のルールは、遊びと創造性です。

この言語ゲームのもとで、村上先生自身が書いているように、「正解だという保証がないと寡黙になる一般的な風習」と正反対に、たくさんの答えが「放出される」のです。正解主義を打ち壊すのは、この遊びと創造性の言語ゲームのようです。

もうひとつ、村上教室は親密さとコミュニティービルディングの場所でもあります。『飛んで仮名文』では、クイズに答えようと「出題者の趣味とか生活習慣など個性を前提に大量の言葉を思い浮かべ考える」ことが必要になり、「子どもたちが互いの文化を交流しているように思えてくる。既に知っている相手の顔や名前や年齢だけでなく、より深く内面的なことまでも想像し、分かってくるようになる。出題者は、問題を出しているようで、結局、自分自身を表している」ように、参加者同士の親しみが醸成され、コミュニティーが創られていく場所なのです。

舞台としての教室

村上教室は、学校教育の在り方を考える上で重要なヒントを提供してくれます。それは、村上教室全体が、学習ごっこや教室ごっこを演じていて、この学習ごっこと教室ごっこが、これからの新しい教室の在り方を創造し、未来の教室をイメージさせてくれるというヒントです。

村上教室は、イチゴママ塾の実践が示すように、コミュニティービルディングを基礎にした、プレイワールドだといえます。普通の約束事をあえて外した、この空間では徹底的にことばを遊び倒します。全体が学校のパロディーのようです。何をやっても自由で失敗がなく、普通の行儀作法もあえて禁じられる環境です。このような遊びによって学びを最大化する学習環境は、先述のバーバラ・テイラースクールを思い出させます。バーバラ・テイラースクールも、学校全体が、学校ごっこのプレイワールドでした。

ところで、幼児心理学では、遊びが重要だとよくいわれています。遊びは子どもの一番重要な活動だといわれたり、遊びによって感性や感情の発達が促されるといわれます。実際、先述のように、赤ちゃんの学習は遊びと区別ができません。ところが、学校に入学する時期から、急に遊びと学習が分離されてしまいます。学校では、手遊びはやめなさい、おしゃべりはやめなさい、今はお勉強の時間ですといわれます。

学校と教室の学習を本当に良いものにしようとするならば、村上教室を見本にしてはどうでしょうか。学校に笑いと遊びと、創造性を取り戻すのです。正解のない問題づくりに興じて、学校をもっと楽しい、もっと笑える、そんな環境にしてみるのです。

発達と即興

〔即興のはたらき〕

砂川実践にも、村上実践にも共通していたのは、本番と練習の区別がない、遊びがつくり出すパフォーマンス空間でした。このことは、パフォーマンスアートにも共通している特徴です。普通、本番は完成形をただディスプレイするように考えられていますが、2つの実践とも、本番でもさらに変化し、作品の意味がさらに成長してしまいます。

普通の学校や学級ならば、練習を何度もして、本番や学力テストでどれだけの成果が出せるかを競います。つまり練習と本番が切り離されてしまいます。これは学習と発達がバラバラにされることを意味します。私たちは、学習と発達を別のものと見るようになってしまっていますが、それは学校に特殊なやり方を、いつの間にか当たり前に受け取るようにされてしまっているからです。

実際の生活では、練習と本番は必要ありません。赤ちゃんのことばの成長過程を思い起こしてください。私たちは、片言しか話せない赤ちゃんに、もっと練習しておいでとは絶対に言いません。日本語の文法書を勉強してこい、単語をもっと暗記しろなどとは言いません。毎日の片言のパフォーマンスが、学びであり、同時に発達になっているのです。

即興パフォーマンスを中心とする学びの場は、この赤ちゃんの学びに似ているのです。砂川実践も、村上実践も、皆で一緒にパフォーマンスすることが、成長そのものであり、練習とその成果の区別が見えなくなってしまうのです。練習のときから、いつも本番ですし、本番もまた成長の場になるわけですから練習の延長になるわけです。

このように考えると、即興パフォーマンスの意味は、効果という視点からでは十分に捉えることができないことになります。即興パフォーマンスは、効果というよりも、活動そのものだというべきなのです。何かの影響要因を想定しておいて、その効果を取り出すという視点ではなく、日々の、毎時間毎時間の実践をつくり出しながら、子どもたちのための発達環境を用意する。そういった活動の視点から即興パフォーマンスの意味が与えられるのです。

ところで、即興パフォーマンスは、障害と戦う子どもたちの発達だけでなく、より広い含みを持つように思います。学校教育を中心とした、現在の教育発達環境を覆うのは、新自由主義という社会経済的な風潮です。即興パフォーマンスと相性のよくない効果という視点は、アカウンタビリティー、エビデンス、効果測定といった新自由主義のイデオロギーに連なる考え方であり、私たちの教育に関するイメージも支配し、さまざまな困難をもたらしています（赤木、2017；鈴木、2017）。

新自由主義とは、私的な所有と自由な市場を用意し、個

人の企業活動の自由と能力発揮を無制限にすることを通して、人類の富と福利を最大化できると主張する政治経済的な思潮です。現在、私たちの生活のあらゆる領域が、市場原理と経済合理性で覆い尽くされようとしています。特に問題なのは、公教育という公共財までもが、市場原理に盲従しつつあることです。統一テストによる、教育への投資効率を数値測定可能な教育効果で説明責任を果たすという構図は、そもそも学びと成長のペースの異なる多様な子どもたちの発達環境としてふさわしくありません。新自由主義にとって異物ともいえる即興パフォーマンスを学びの場に導入することは、非常に鋭い批判の意味を持つことでしょう。

発達の段階から発達の舞台へ

さて、教員も政策関係者もよく口にすることばに「発達段階に即した」というフレーズがあります。この場合の発達段階は、発達のステージという英語を訳したものです。発達段階の考え方の背景には、生物学的な特性や過去の強い経験が、発達の順序性や発達の道筋を決定するという生物学主義や過去経験による決定主義の考え方が隠れています。

ところでステージという英語には、俳優が演技する舞台という意味もあります。ことば遊びのようですが、発達のステージを、発達の段階と見るか、それとも発達の舞台と見るかによって、発達の意味が大きく違ってきます。

即興やパフォーマンスに注目する場合には、固定化された順序性ではなく、そこで普段とは違うキャラを演じることで何か新しいことが起こる発達環境、すなわち舞台を意味することになります。発達の舞台をみんなで創り上げながら、その上で新しいパフォーマンスをして、新しい振る舞いや声音をみんなで楽しむ、新しい活動を意味することになります。

即興とパフォーマンスに着目するアプローチは、まだまだ始まったばかりですが、砂川実践や村上実践を代表として、多くのパフォーマンス心理学のアプローチが示すように、非常に有望であり、発展可能性を持った発達支援の方向性であることは確かです。

〈引用文献〉

- 赤木和重（２０１７）『アメリカの教室に入ってみた：貧困地区の公立学校から超インクルーシブ教育まで』ひとなる書房
- Feinstein, A.(2016). We don't want to fit in: A reflection on the revolutionary inclusive theater practices of The Miracle Project and Actionplay for adolescents on the autism spectrum. In P. Smagorinsky (Ed.) *Creativity and community among autism-spectrum youth: Creating positive social updrafts through play and performance.* London: Palgrave Macmillan.
- Hall, E. (2010). Now I see the moon. New York: HarperCollins.
- Holzman, L. (2009/2014).（茂呂雄二訳）『遊ぶヴィゴツキー：生成の心理学へ』新曜社
- Hunter, K. (2014). *Shakespeare's heartbeat: Drama games for children with autism*. London: Routledge.
- 香川秀太・有元典文・茂呂雄二（編著）（近刊予定）『パフォーマンス心理学：共生と発達のアート』新曜社
- Lobman, C. (2015). Performance, theater, and improvisation: Bringing play and performance into new arenas. In Johnson, J. E., Eberle, S. G., Henricks, T. H., and Kuschner, D. (Eds.) The Handbook of the study of play. London: Rowman and Littlefield.
- Lobman, C. & Lundquist, M. (2007/2016).『インプロをすべての教室へ：学びを革新する即興ゲーム・ガイド』（ジャパン・オールスターズ訳）新曜社

- McClatchy, K. (2017). *Playing by Heart: Shakespeare & Autism.* TEDxOhioStateUniversity. https://www.youtube.com/watch?v=5RAqUthP4aU
- 茂呂雄二（近刊予定）『ソーシャルセラピー入門：発達と共生のパフォーマンス』新曜社
- Murray, P.(2011). Playing with Asperger syndrome; We can't supposed to be able to do this, are we? In C. Lobman and B. O'Neil (Eds.) *Play and performance.* Lanham, MD: University Press of America.
- Newman, F. (1994 / 2018).『みんなの発達：ニューマン博士の自己成長の心理学』（茂呂雄二・有元典文・城間祥子・郡司菜津美訳）新曜社
- Newman, F. & Holzman, L.（2014）（伊藤崇・川俣智路訳）（近刊予定）『レフ・ヴィゴツキー：革命的科学者』新曜社
- Ohio State University, College of Art and Science(2012). Shakespeare and autism. https://www.youtube.com/watch?v=KsR2RGF0Xeo
- Parkinson, E. (2008). Developmental transformations with Alzheimer's patient in a residential care facility. *The Art in Psychotherapy*, 35(3), 209-216.
- Salit, C. (2016).『パフォーマンス・ブレークスルー：壁を破る力　今そこにある限界がみるみる消える！　驚異のメソッド』（門脇弘典訳）徳間書店
- 鈴木大裕（２０１６）『崩壊するアメリカの公教育：日本への警告』岩波書店

付記：本論は、トヨタ財団 ２０１５年度研究助成プログラム「格差社会において様々な交換をアクティベートする実践的な分配の正義：共生人間科学に基づく社会の新たな価値創出（課題番号D15-R-0262)」（代表：茂呂雄二）の成果に基づいている。

4

ユーモアと即興が生み出す障害児の創造的発達

―特別支援教育の新しいかたち―

神戸大学大学院　赤木和重

Kazushige Akagi

みなさま、ここまでお読みくださり、ありがとうございました。砂川さん・村上さんのユーモアあふれる実践報告、岡崎さん・麻生さんの深い解説、そして、茂呂さんのパフォーマンス心理学からの論稿、いずれも笑えたり、考えさせられたりしたと思います。どれもええ感じの原稿になりました。

その一方で、「これまでの『よい』とされる特別支援教育の実践と大きく違う」「ユニークなのはわかるけど、砂川さんや村上さんのやってることの意味が、正直よくわからない」と戸惑っている方もおられるかもしれません。もっともです。特別支援教育のテキストに「新喜劇を実施すべき」とは書かれていません。村上さんの開発された「飛んで仮名文」をすでに授業に取り入れている先生もいないでしょう。戸惑うのは無理からぬことです。

そして、戸惑うあまり、「これは砂川さんや村上さんだからできること」「面白いけど、まぁ、特別」「私の授業とは関係ないわ」と、自分の授業や実践と切り離してしまうかもしれません。でも、それは、とてももったいないなぁと思います。

私たち著者は、「体験新喜劇」や「飛んで仮名文」をそのまま取り入れてほしいわけではありません。もちろん取り入れてくれるとうれしいです。でも、それ以上に「体験新喜劇」や「飛んで仮名文」の背景にある子どもの見方や教育の考え方が伝わるとうれしいなぁと思います。

本書の内容の理解が難しいとすれば、それは、「体験新喜劇のやり方がわからない」といった指導技術の問題ではありません。読み手がもっている子ども観や障害観・教育観と、砂川さんや村上さんたちがもつ見方とに距離があるからです。

そこで、本章では、現在の特別支援教育の特徴と比較するかたちで、「体験新喜劇」や「飛んで仮名文」の背景にある子ども理解や教育観について読み解くことを目的とします。とっかかりとして、最近のわが国の特別支援教育における特徴を確認するところからはじめましょう。

わが国における特別支援教育の特徴

〔能力向上教育〕

わが国における特別支援教育の1つ目の特徴は、「はじめに」でも述べたように「能力・スキル向上至上主義教育」（以下、「能力向上教育」と省略します）です。障害のある子どもの能力やスキルの向上を直接的な教育目標として行われる教育のことをさします。例えば、「心の理論」の能力を伸ばすことであったり、「知り合いに会ったときには『おはようございます』と挨拶をできるようにする」ことをねらいとしたソーシャルスキルトレーニング(SST)などの教育をさします。ひらたく言えば、「できる」ことにこだわっています。

このような能力向上教育は、当たり前と思われるかもしれません。実際、本屋さんに行けば、『発達障害児の「できる」を増やす99のすごいアイデア』『障害のある子どもがぐんぐんのびまくる魔法の授業』といったようなタイトルの本がたくさん並んでいます。

〔計画通り教育〕

特別支援教育の2つ目の特徴は、これも「はじめに」で述べたように計画通りに、子どもを教えようとする傾向が強いことです。学会の発表を聞いたり、学術雑誌・教育実践の雑誌を見ると、その傾向がはっきりわかります。例えば、次のようなかたちで実践が語られることが多くなっています。

「はじめに」で次のように書きました。

「最初に子どもに心理検査を実施して正確にアセスメントをする。そして、その結果をもとに『伸ばすべき』スキル（例：買い物ができる）や能力（例：「心の理論」）を設定する。そして、そのスキルや能力を子どもに獲得させるために、『よい』と評価されている教育方法を適用して教える。その結果、目標としたスキルや能力を子どもに獲得させた。万歳！」という流れです。個々の実践発表の内容は違うにもかかわらず、不思議と、発表の語り方は、ほとんど同じです。

このような手続きを経て計画通りにいった実践はよいとされます。つまり、「買い物ができる」と目標を立て、その通りになったら「よい実践」と評価されます。

このような計画通り教育は、ＰＤＣＡサイクルなどと呼ばれ、現在の教育実践では一般的となっています。また、先にあげた能力向上教育とも相性がよい教育方法です。なぜなら、能力の向上を第一に考えれば、あらかじめ目標となる能力を決めて、それに効果的なプログラムを実施すればよいからです。

以上2つの特徴をまとめると、現在の特別支援教育の主な流れは、「教師が子どものあるべき姿を設定し、その目標に向かって子どもの能力やスキルを伸ばそうとする教育」と特徴づけることができます。

砂川・村上実践：特別支援教育へのツッコミ

砂川・村上実践が、私たちを混乱させ、戸惑わせるのは、このような現在の特別支援教育の流れに対して、「それだけでいいの？」「なんか、おかしくない？」とツッコんでいるからです。

1つは、「能力向上教育」に対するツッコミです。

砂川さんが、提唱する「体験新喜劇」では、子どもの能力やスキルを直接高めようとする発想はありません。そもそもスキル獲得を目標にした時点で、新喜劇につまらなさが匂ってきます。体験新喜劇の目的は、あくまで「舞台経験のない方でも、より簡単に、より楽しく、参加者に合わせたオリジナル作を演じてもらう」（第1章26ページ）ことです。本人が楽しむことが一番の目的です。

村上さんの「飛んで仮名文」実践は、授業の中で行われているだけに、より強烈なメッセージとして私たちに突き刺さってきます。「言葉や文字の正しい使い方とか挨拶とかを教え込んでも、本当のコミュニケーションにはつながらない」（第2章98ページ）と書かれています。さらに村上さんは、「実用じゃない知識・技術に芸術性を感じる」（第2章90ページ）とさえ主張します。

ほとんどの先生は、「え？」「いや…そう言われても」と感じるでしょう。もっと言えば「はぁ!? なに言ってんの！」とムッとされるかも…。普通に考えれば、挨拶を教えたほうがいいに決まっています。それに、正しい熟語を教えるのが当たり前です。でも、村上さんは、そこに異議申し立てを行います。そら、混乱しますよねぇ。

もう1つは、「計画通り教育」に対するツッコミです。

両実践とも、計画通りに子どもの能力を伸ばすことをまったく想定していません。むしろ、計画通りにいかないような活動を目指しています。砂川さんの体験新喜劇は、大きな筋（舞台）はありますが、それ以外はまったくのアドリブです。砂川さんが、「新喜劇はチームワークですよね」と投げかけているのに、青年は「そうは思いません」と返してきます。まったく思った通りにいきません。「普通」なら困るところです。でも、砂川さんは、この予定通りにいかないことこそが面白いと考えています。

村上さんも同じです。ユーモアシンポの最初こそ、子どもが緊張しないように緻密にシナリオをつくっています（ちなみに私は、はめられていたことにまったく気がつきませんでした…泣笑）。しかし、このような計画通りの進行は例外的です。最初を除けば、子どもやシンポジウムの参加者が何を言い出すのかは、当の本人を含め誰も予想できません。即興で授業が組み立てられていきます。近畿地方に新しい県ができることを考えるとき、どんな県ができるのかは、当の本人も含め誰も予想がつきません。一見すると荒唐無稽です。つまり、ムチャクチャです。でも、村上さんは、このような即興性の高い授業こそがよいと主張します。もう少し踏み込んで言えば、「先生が正解をすでに知っており、それを子どもにしたり顔で教える」という従来の知識・スキルを予定調和的・一方的に伝達するタイプの授業を批判しています。

とはいえ、お二人は、批判だけで終わりません。自分たちが大事にしたいものを打ち出されています。その鍵は、この本のタイトルになっている「ユーモア」と「即興」です。

ユーモア：「能力の向上」から「存在の肯定」へ

お二人の実践でなにより目をひくのは、ユーモアです。文章・DVDから、笑いが絶えない様子が伝わってきます。体験新喜劇でのボケ・ノリ・ツッコミの様子、飛んで仮名文のユニークな表現など、ユーモアが特徴的であることは、改めて説明するまでもないでしょう。

ここで私が注目したいのは、ユーモアの奥にある子どもの見方です。ここに今の特別支援教育にない魅力と可能性があります。

ユーモアの奥底にあるのは、「できる」ことではなく、「できなさ」を含み込んだ子どもの「ありのまま」に注目しているところです。そして、その「あなたのありのままが面白いよね！」というメッセージを子どもに伝えているところです。「能力の向上」ではなく「存在の肯定」を大事にしています。

障害児は、障害のない子どもに比べると、「できない」ことが多いです。お勉強ができなかったり、コミュニケーションがうまくいかなかったり、注意散漫だったりします。だからこそ、私たちは、障害のある子どもが少しでもできるように教えたくなります。早くからドリルをやらせて漢字を1つでも覚えさせたくなります。割り算をできるだけ早く教えたくなります。きちんと挨拶ができるように教えたくなります。熱心な先生や親御さんがそう感じるのも無理ありません。特に厳しくなる社会情勢をふまえれば、そう思うのもよくわかりますし、実際このような指導が必要な場合もあります。

ただ、子どもの「できなさ」を明らかにしたうえで「能力の向上」にこだわるまなざしが、ときに子どもを追い詰め、同時に、先生や親御さん自身を追い詰めていくことがしばしばあります（赤木、

2018)。誰でも「できなさ」から出発されるとつらいものです。それに教えられたとしても、「できない」ことが「できる」ようになるとは限りません。

砂川・村上実践は、このようながんじがらめの「能力向上教育」を軽やかに跳び越えます。「できることがよい」という価値観を転覆させます。「できなくてもいいよ」「そのままでいいんだよ」…いや、これでは生ぬるいですね。もっと突き抜けています。「できない」「弱み」とみなされる否定的な部分を含めてそのままのあなたこそが、「面白い」「素敵だね」と意味づけたり、実際、本人がそのように実感できる舞台をつくります。

ここからは、特に、その特徴が色濃く出ている砂川さんの体験新喜劇に焦点をあてます。

体験新喜劇では、「いつものように失敗したところが特にウケていました（苦笑）」（第1章24ページ）とあるように、「できる」ことが「よい」のではなく、「できない」ことこそが「面白い」という見方をとります。ユーモアシンポ当日、スタッフの学生が、悲しい場面で、間違ってスチャチャカとにぎやかな曲を流してしまいました。場が一瞬、「アレ？」となりました。この時点では、笑いは起こりません。むしろ戸惑いの空気が流れます。曲を間違えた学生はきっと、冷や汗が流れていたことでしょう。

一瞬の間ができたあと、砂川さんが「悲しい曲ですね！」と一言。どっと笑いが起こります。そして和みます。学校の学芸会であれば「ダメ」な行為であり、先生から注意・指導を受ける場面です。ところが、体験新喜劇では、この「失敗」が、砂川さんの一言のおかげで「おいしい」に変わります。

障害のある子が通う放課後デイの職員に面白いエピソードをうかがいました。その放課後デイでは、砂川さんを招いて体験新喜劇をすることになったそうです。子どもたちは我さきにとやりたがるのですが、その1人に、かんもくの子どもがいたとのこと。家では話すそうですが、放課後デイでは話しません。

体験新喜劇の舞台にあがるのですが、当然といいますかなんといいますか、自分が話す番になってもセリフを声に出すことができません……。

一瞬、間があったあと、友達が「しゃべらへんのかーい！」とかんもくの子どもに一言ツッコミを入れます。場が笑いに包まれます。

ここで価値観の大きな転換が起こりました！「かんもく」という困難に対し、本人も周囲も、「しゃべらなければ」と焦ります。逆に「しゃべらなくてもいいよ」と気にしないようにすることもあるでしょう。前者と後者では対応はまったく異なります。しかし、両者とも「かんもく」を「イケてるもの」としては見ていません。その点では共通しています。

一方、「しゃべらへんのかーい！」というツッコミはこのようなまなざしとまったく異なります。「かんもく」という「できない」ととられるネガティブな状態が、イケてるものとして鮮やかに意味が変わります。能力の有無に関係なく、子どもがそこにいる＝存在する、そのことに価値が生まれます。価値の転換と創造が起こります。

実際、この笑いをみた周りの子どもは、「これからも絶対しゃべったらあかんで」とその子にマジで言うようになります。なんだかおかしな話ですが、でも、確かにしゃべらないほうが面白いわけです。「しゃべるように」という上から目線のまなざしでもなく「しゃべらなくてもいいよ」という同情のまなざしでもありません。「しゃべらないのがおもろい」という絶対的肯定のまなざしです。それに、かんもくの子どもにとっても、このまなざしは実感を伴っています。自分のパフォーマンス（正確には自分と友達とのパフォーマンス）が、みんなを笑顔にしているわけですから。

だからこそ、子どもは、深く安心し、自分を肯定することができます。

すると、その子はそれ以降普段の生活でしゃべるようになったそうです。直接的に、できることを増やそうとしたわけではありません。「しゃべらないあなたがよい」と存在を肯定することが、結果として、本人が「しゃべる」能力を獲得し、自由をひろげていくのは、不思議な気もしますが、納得できる気もします。

〔不謹慎な取り組み？〕

なお、障害のある子どもの失敗を笑うのは不謹慎だという批判も出そうです。確かに、失敗を笑うこと自体、あまり品のよいものではありません。ましてや、障害児の失敗を笑うなんてもってのほかともいえます。

この批判にこたえるには、笑いの質を考える必要があります。落語家の桂（２００８：熊谷（２０１７）による引用）は、笑いには、「縦の笑い」と「横の笑い」があると言っています。縦の笑いとは優越感から生じる嘲笑、権力の弱い者が上の者を皮肉る風刺などであり、横の笑いは「あんたもやっぱりそうか」という仲間同士の共感によるものです。

体験新喜劇やそれに類似する取り組みは、「横の笑い」です。体験新喜劇と吉本新喜劇の違いを考えれば、このように考えられる理由がはっきりします。

吉本新喜劇は、ここだけの話、好き嫌いが分かれるかもしれません。特に非関西圏では、あの笑いを受けつけない方もいるでしょう。その理由の１つは、相手の身体的特徴をネタにして笑う、思いっきり人の頭をどつくといった行為が多いからです。すべてではないにせよ、「縦の笑い」を感じさせます。

体験新喜劇は、同じ「新喜劇」というワードは入っているものの、内容や進め方はもちろん、笑いの質もだいぶ異なります。砂川さんの章を振り返ってみてください。相手を馬鹿にする笑いが一切ないことがわかるでしょう。わざと「できない」姿を引き出して笑いもとっていません。むしろ逆です。一生懸命取り組んだ末のハプニングや失敗を笑いに変えようとする発想です。体験新喜劇の笑いは、優しさです。ノリツッコミの砂川流解釈を思い出してください。ノリは優しさなのですよ！

なんてユニークで、なんて深いお笑いの思想と技術なのでしょう。おばあちゃんが間違えてリモコンではなくメガネを渡す…そのときに「おばーちゃん、もう違うやん、それメガネやん。ボタンどこにもついてへんがな！」とツッコむのは簡単です。こうツッコめば、第三者にはウケるでしょう。でも、それではおばあちゃんの立つ瀬がありません。砂川さんは、間違えたときのおばあちゃんの気持ちに思いをよせます。間違いにノッてあげ、間違いの意味を笑いに変えて、さらりと訂正します。おばあちゃんは救われます。さらには、おいしい気持ちになりますよね。そこに侮蔑や皮肉といった縦の強さはありません。哀しみをどこかに含んだ優しい笑いです（砂川、2013も参照）。

「存在の肯定」は、ユーモアを通してこそ

もう1つ疑問が出そうな点についても触れておきましょう。「存在の肯定は、ユーモアでなければならないのか？」という疑問です。確かにユーモアをことさら強調しなくても、「今のあなたがいいよ」という存在の肯定はできそうです。

しかし、やはり、ユーモアのある活動のほうが、「そのままがいい！」という価値観の転換や創造を起こしやすいといえます。「正しさ」や「冷静さ」が前面に出てしまうと、「そうはいっても、やっぱり話せるようになったほうがいいですよね」とか「ふざけるのもいいのですが、何の役に立つのかしら」

となってしまいがちです。合理的に考えれば「できない」よりも「できる」ほうがやっぱりいいわけですから。そういう意味で、価値観の転換を、論理的に引き起こすのは案外やっかいです。

その点、ユーモアには利点があります。ユーモアは「不合理性を許容する」ことを可能にする機能があると言われています（雨宮、2016）。簡単に言えば「うやむやでよし」になっちゃうということ。確かに「笑い」によって、いい意味でいろんなことを「まぁええか」とうやむやにできます。

ある作業所で、ケース会議をしていたときのこと。深刻な「問題」行動への対応に打開策が見出せず、話が煮詰まっていたところに、当の本人が会議室のドアをバッと開けて、声を出しました。スタッフみんなが笑います。この笑いをきっかけに会議の流れが変わりました。それまでは、「いかにして問題行動をなくすか。その方法をどうするか」という議論だったのですが、「Aさん、面白いところもあるし、変わってきたところもあるよね」とこれまでのいい変化を見つけていく議論に変わっていきました。もちろん、問題行動自体は変化がないのですが、「それはそれで」というように受け止め方が変わってきます。「行動が変わらなかったら意味がない」と正論で詰められるとそうではあるのですが、しかし、このようなことで（「問題を先送りすることで」）、まわりまわって結果としてよい循環がつくり出されることはしばしばあります。

そういう意味で、価値観の転換を行う際に、ユーモアは必須ではないものの、あったほうがよいものです。古くは、フロイトも、ユーモアの根源を価値の転換にあるとみなしています。ある苦境になったときに、その苦境からちょっと距離をとって面白がれる、そういう機能がユーモアにはあります。

即興：よき「先の見えなさ」が発達を導く

砂川・村上両実践には、ユーモアに加えて、もう1つの魅力があります。即興です。即興とは、型にとらわれず自由に思うままにつくり上げていく動きや演奏、またその手法のことです。即興は、英語ではインプロヴィゼーション（improvisation）と呼ばれます。improvisationの語源を考えると、即興の意味はよりはっきりします。ｐｒｏは「前」という意味で、ｖｉｓｅは「見る」という意味です。要は「前を見る」という意味ですね。そこに、ｉｍという否定の意味が頭につきます。ですので、即興は、「先を見ない」という意味を含みます（高尾、２０１７）。

砂川・村上実践は、即興的な活動そのものです。砂川さんの実践は、「白雪姫」とか「天井屋さん」とか大まかなストーリーとセリフは決まっていますが、その通りしなければいけないものではありません。むしろ、話す順番だけが決まっており、セリフすらないことが多いです。村上さんの実践は、「飛んで仮名文」に代表されるように即興そのものです。問題を出す子どもは、その場で考えなければいけません。答えを言うほうの子どもも、もうまったくもって予想がつきません。「先が見えない」活動そのものです。なお、正確には、プロの演劇ではないので、教育の場で用いられる場合は、応用インプロと呼ばれます（絹川、２０１７）。今の主流である「計画通り教育」とは対極的な活動です。

〔即興的実践の意味〕

両実践が即興的であることは、みなさん納得いただけるでしょう。ただ、場合によっては「だから、なんなん？」と思われるかもしれません。特に学校の先生方にとっては、その思いが強いかもしれません。砂川さんの体験新喜劇は、国語や算数の授業などの「お勉強」と距離がある分、逆に理解しやすいかもしれません。自分の授業スタイルを崩さないまま理解したり、余った時間に「お楽しみ」活動として取り入れることができるからです。

しかし、村上さんの「飛んで仮名文」は、そうはいきません。自分が今している授業のやり方や考えと激しく対立するからです。同じ「国語」「ことば」という授業でも、やっていることが全然違います。みなさんは村上さんが批判しまくっている漢字のプリント学習やなぞり書きなどの指導をされていませんか？　写真や絵カードなどを使って「先の見える」活動に執心していませんか？　もし、そうであれば、戸惑うのも無理からぬことです。

そこで、ここからは、村上さんの「飛んで仮名文」に注目して、即興活動の意味を考えます。

〔創造性〕

即興的活動の意味の1つは、創造性の涵養（かんよう）にあります。創造性とは、自ら問題を発見したり、新しいアイデアを思いついたりする能力のことをさします。「飛んで仮名文」の活動はまさに創造性そのものです。「問題を創り出す」「あいまいな問題に答えをいくつも考える」といった創造的な能力があるからこそ、この課題に参加できるからです。

さて、「飛んで仮名文」、みなさんもやっていただけると実感できるのですが、とにかく難しいです。いえ、難しいというよりも恐怖に近いです。茂呂先生が「恐怖の村上教室」「赤木先生が当てられたときは、心底ほっとしました」と書かれているように、「あ、できない。当てられたらどないしよう…」という恐怖です。特に私のように知識だけはたくさんもっているつもりの頭でっかち人間はなおさら恐怖を感じます。「**あ・こ・か**」といった簡単な平仮名の羅列の意味がわからないわけですから。肩書きや知識は何の役にも立ちません。化けの皮がはがされます。

そのうえ、私は「ウケよう」「高尚なこと言おう」という下心満載のためか、まったく思いつきません。思いついても、「**し**ょうちゅう、**お**いしかった。**あ**すも飲もう」と、パッとしない残念なものばかりです。一方、子どもたちは、難なく問題を創り出し、答えを次々と編み出していきます。そして、それがまぁ、うならされたり、面白かったりするわけです。

ユーモアシンポ当日、「**こ**（うべだいで）、**べ**（んきょうしたら）、**か**（しこくなった）」と創る香織さん。神戸大でシンポに参加することの緊張感とそれ以上の期待が伝わってきます。

イチゴママ塾では、「**あ**（ついけれど）、**の**（うぎょうの）、**し**（ごとをしてみたい）…さて何でしょう？」と問題を出します。香織さんの今の生活経験から未来を見通そうという思いが込められているのがわかります。

さらに、圧巻なのが、県名の漢字をもとにした創作熟語です。香織さんは、「島取」という新たな創作熟語。「島取というのは、島を掴んで飛び去って行く島のこと、頭は小さいが足が島を掴むことができるほど大きい。虫やミミズなどは食べない。鮎のような小魚を食べる。鷲科の大きな鳥。島は人工の島で、それほど大きくはない。それを掴んで飛び去ったが、申し訳ないと思ったのか、島を返しにきた」という表現です。これだけの想像豊かな表現は、大人には無理ではないでしょうか（少なくとも私には絶対に無理です）。

〈「自分では考えつかなかったことが自分で考えられてしまう」＝新しい自分になる〉

さらに「創造性」に加えてもう1つ注目したい意味があります。それは、即興活動を通して「新しい自分になる」という点です。「自分では考えつかなかったことが自分で考えられてしまう」「自分でも思ってもみなかったことが自分で言えてしまう」といった瞬間が、砂川・村上両実践の即興活動の醍醐味です。茂呂先生が書かれている「今の自分の限界（性別、セクシャリティー、エスニシティー、個人史など）の在り方（being）を超えて、それを突破して違う自分に成ること（becoming）」（第3章139ページ）とも通じる部分です。

この点について、問題を創り出す側ではなく、答える側に注目して考えます。友達が創った創作熟語は、当然ですが何が出てくるか予想できません。初めて見る熟語ですから。しかし、出題者は容赦なく、「はい、〇〇さん」と当ててきます。「正解は1つ」主義に慣れた者にとってはマジで恐怖です。しかし、不思議なのですが、恐怖だけでなく、ふっと「あぁ、これこれ！」と「答え」が見えてくることがあります。もう少し正確に言えば、事前に見えるというよりは、当てられて苦しまぎれに言葉を出そうとしているうちに考えが出てくる瞬間があります。もっと言えば、「あ～、もうわからん」と思いながら話しているうちに「あぁ、なるほど」と思うときがあります。即興的に、言葉が紡ぎ出されて後から自分で認識するという感じです。このような瞬間にこそ、自分でありつつも新しい自分になっていく、少しおおげさに言えばまさに発達していくのです。

発達とはよく考えると不思議な現象です。今の自分でありつつ、今の自分にはない新しい自分になっていくわけですから。単純に知識を獲得するだけでは、基本的な「私」の枠組みに変更はありません。どこかでこれまでとは異なる考え方・感じ方の枠組みを身につける必要があります。「跳ぶ」必要があります。その断絶を跳び越える1つの仕組みが、この即興活動です。

〈それでも、「で、だから、なんなん?」というあなたへ〉

それでも、「創造性とか新しい自分とかもわかるけど…。で、だから、なに? 今やっている授業と関係ないやん。創造性も大事やけど、これからの社会で生きていくためには、漢字を1つでも覚えさせ、社会で役に立つスキルを1つでも教えたほうがええんちゃうの?」と思われる先生もいるかもしれません。

確かに、そう思われるのもわかります。しかし、学校教育における学力・能力のとらえ方が急激に変化していくことを押さえておけば、両実践の重要性を理解しやすくなります。これまでの学校教育では、知識や技能の量が重視されてきました。「どれだけ多くのことを知っているか」「どれだけ早く解くことができるか」が主な関心事になってきました。センター試験に代表されるテストの評価内容を見れば、その重きの置かれ方はよくわかります。ところが、近年、このような学力のとらえ方は時代遅れになりつつあります。知識自体は、インターネットですぐに調べることができます。記憶を自分の脳ではなくパソコンに代わってもらうこともできます。

記憶力そのものではなく、「何を調べたらいいか」「何がそもそも問題なのか」を考えることができる学力・能力に重きが置かれつつあります。実際、新学習指導要領の作成にかかわった那須（2017）は、出会う問題場面で効果的に解決する思考力・判断力・表現力等、汎用性のある認知スキルを重視しなければいけないと述べていますし、実際、新学習指導要領もその点を重視しています。

「飛んで仮名文」は、既存の知識（例：平仮名の読み方）だけではなく、その知識を活用して、文章を創造します。答える側は、「**あ・こ・わ**」という文字列から、出題者の人柄や生活をふまえつつ文章を推測します。単なる記憶ではなく、思考力・判断力・表現力が問われます。新しい学力観に一致します。一見、奇天烈なお勉強ですが、一周まわって最先端の学力観と一致しています。その意味でも、「だから、なんなん?」と一蹴することはできません。

〔創造性や新しい自分は、生活を共にする凸凹な集団の中からやってくる〕

先の見えない即興的活動によって、創造性・新しい自分（「自分では考えつかなかったことが自分で考えられてしまう」）が生み出されるとしてきました。しかし、単純に即興活動を実施すれば、創造性が身についたり、新しい自分が生成されるわけではありません。大事なポイントが1つあります。それは、集団です。

創造性は、個人で生み出せるわけではありません。創造性は、集団の中からやってきます。「飛んで仮名文」をプリント学習で行う様子をイメージすれば、この意味がすぐにわかります。プリントに、「**き・お・ぱ**」と書かれています。そして、「これは何かの文章の省略されたものです。答えを文章にして書きなさい」という説明が書かれていたとします。

途方にくれるのではないでしょうか。いくつかはひねり出せるかもしれません。しかし、どんどん湧き出てくるということはないでしょう。なによりつまらないはずです。実際にやってみればわかります。一人のプリント学習で「**き・お・ぱ**」に取り組んでみてください。個人の頭の中でだけ創造するのは限界があります。

そういう意味で、集団が必要です。細かく言えば、2つの質をもつ集団が必要です。

1つは、凸凹な集団です。同じ属性の集団だけであれば、どうしても似たような発想になります。繰り返していくうちに、マンネリになり、発想が枯渇します。しかし、異質な集団だからこそ、自分では想像のつかない角度から問題が出たり、答えが生まれます。「予想外」の他者が、自分の思考の枠組みを飛び越えていくことにつながります。ユーモアシンポの当日、竜野くん、年野くんが出題する問題や掛け合いによって、神戸大生の口から「モテる」発言が引き出されました。普段の大学の授業で、学生同士でどれだけ「飛んで仮名文」をしても、「モテる」的ホンネ発言は絶対に出ません。どこかよそいきのものになります。いつもの教室にはいない異質の他者がいるからこその発言です。

もう1つは、生活を共にする集団です。生活を共にすること、つまり、お互いの気持ちや癖を知っていることが、表現を創発させます。ある日、イチゴママ塾に、私と私の娘が参加しました。娘は、「**お・し・こ**」と書きました。みなさんわかりますか？

ワタクシ、最初はわかりませんでした。ところが、しばらくするとなぜか不思議と「わかってしまう」のです。ホンマに不思議なんですが見えてくるのです。「**お**」は「お父さん」、「**し**」は「脂肪」まではわかりました。「**こ**」はやや時間がかかりましたが、「困っちゃう」とわかりました。そう、「お父さん、脂肪が増えて、困っちゃう」という回答でした。娘は、私の激増していくふくよかなお腹まわりに思いをはせ、このまま生活習慣病で倒れられては自分の生活が立ち行かないと困っているとのこと（どうも純粋に父を心配していたわけではないような…泣）。娘は私がそばにいるから、「**お・し・こ**」が出たのでしょうし、私は娘との生活を共にしているから、答えが見えたのでしょう。

集団の必要性は、前節で述べたユーモアにもあてはまります。砂川さんが、ある施設で行っていた体験新喜劇で、「白雪姫」のコントを私が観覧していたことがありました。その際、ある障害のある女性が、白雪姫になりました。しかし、眠るべき場面なのに、目を開けたまままちょこんと座っているのです。どうも砂川さんの指示がうまく理解できなかったようです。そのとき、砂川さんと一緒に取り組んでいる相方の方が、「うわ、目を開けたまま眠ってはるわ。器用やな、この白雪姫」と言いました。どっとウケます。場全体がユーモアあふれる雰囲気に包まれます。しかし、白雪姫を演じている女性の行動だけに注目すると、正直申しまして、それだけでは面白くないのです。目を開けて座っているだけですから。そのときに、ノってくれる他者がいることで、がぜん、その「普通」の行動がひらりとユーモラスに意味を変えます。逆にうまくノってくれる人がいるだけでも面白くはありません。場の流れから（意図的であれ非意図的であれ）ズレてくれる他者がいることで、ノリが輝きます。お互いがお互いを必要とし、そのような関係がユーモアを生み出します。

創造性も、ユーモアも、個人の中にあると考えられがちです。もちろん、個人で創造性豊かで面白い人もいるでしょう。でも、そのような「強い」人ばかりじゃないですよねぇ。ピンでは「面白くない」「できない」人でも、即興活動を軸に、凸凹だったり、生活を共にする人たちと組み合わさることで、創造性がやってきます。豊かな関係性が、新しい自分を連れてきます。

特別支援教育の新しいかたち

砂川・村上両実践にインスピレーションを受けて、「これから、特別支援教育がこうなったらええなぁ」

と、私なりの新しい特別支援教育のかたちについて述べてみます。

《教室に「ノリ」の精神を》

お二人の実践を読むと、つい「ユーモアを取り入れよう」「即興性を重視した教育を」と言いたくなります。……が、まずは焦らずにできるところからはじめましょう。ユーモアや即興の根っこにある発想を取り入れるところからはじめましょう。

その一つは、教室に、「ノリ」の精神を導入することです。現在、多くの教室が、「ノリ」のないベタな「ツッコミ」だけの空間になっているように感じます。少なくない先生が、子どもの間違いを、「違うでしょ」「ちゃんとしなさい」とベタに訂正します。正しさにあふれています。確かに子どもは間違えているのですから、正解を教えるのは「正しい」指導です。でも、そこには一生懸命がんばったのに間違えた子どもの気持ちを考える心の余裕や優しさはありません。とはいえ、子どもの間違いを、見て見ぬふりをするわけにもいきません。

教室に、もっと「ノリツッコミ」の「ノリ」を取り入れることができればなぁと思います。奇しくも、ユーモアシンポの当日、村上さんは講演の最終盤で、『1＋1は5』と答えた子どもに『正解！』と間髪いれずに言えますか？」と参加者に問われました。全員が「ウッ」とか「エッ」とか「うーん」となって止まりました。ここだけの話、ワタクシめっちゃ躊躇しました。「正解！」と言ってしまったら、子どもが答えを間違って覚えるかも…と心配になるからです。でも、村上さんは、子どもが精一杯考えてしぼり出した答えを尊いものだと考えています。だからこそ、「正解！」と言えるのです。もっとも、村上さんは、そのあと「2だったらもっとええねんけどなぁ」とつぶやくなどしてさりげなく正解を導きます。間違いを強化するわけではありません。

ノリというのは、子どもの一生懸命学習に取り組む気持ちに思いをはせ、そのプライドを尊重する思想です。そしてちょっと気恥ずかしいのでユーモアでそっとくるんであげるような技術でもあります。砂川さんのリモコンとメガネを間違えたおばあちゃんのエピソードを思い出してください。そう、あれです。明日から、子どもが間違えたとき、いったん、ノッてみましょう。空気がきっと変わるはずです。

…と、同時に、それまでの子どもとの関係性も大事です。発達心理学者の加用（1990）は、「ノリ」が意味をなすためには、保育者や大人が、子どもの失敗を笑うことがある背景には「信頼しあえている対等な仲間同士であるからこそ、相手の失敗をまるで自分の失敗であるかのようにも感じて、だからこそそれがおかしくてたまらない、そんな笑い」があると指摘しています。横の関係があるからこそ、失敗が双方にとって「笑い」になります。岡崎さんが書かれているように、対等の関係性が大事なのですよね。「ニックネームを付ける」というのも対等な関係を構築する一つの取り組みといえます。

いくら「体験新喜劇」を取り入れ、「ノリ」まくったとしても、普段の子どもと教師の関係性が、ガッチガチの「縦」であれば、その笑いは、非対称な笑い、つまり、教師は笑っても、子どもは本当に笑えないものになりかねません。

（インクルーシブ教育をもっと広く）

現在、インクルーシブ教育が注目されています。インクルーシブとは「包み込む」という意味であり、障害のある子どもや外国籍の子どもなどを含め、誰も排除しない教育のことをさします。とても素敵な理念ですし、それゆえ、世界的にもインクルーシブ教育が進められています（赤木、2017a）。しかし、わが国では、「障害のない子どもとある子どもをどう一緒に学ばせるか」といった狭い枠組みで議論されがちです。その結果、一部では、机の上の鉛筆の置き場所を決めたり、壁面の掲示をすっきりさせて一緒に学ばせようとするような狭い対応が主になっています。そのことがかえって、障害のある子どもを排除するかたちにつながっています（赤木、2017b）。それにそもそも、日本での議論は、同じ年齢の子ども集団を前提としています。同質的な集団の前提自体が国際的にみればインクルーシブではありません。

一方で、両実践は、きわめてインクルーシブな実践です。年齢も、発達も、障害もバラバラなメンバーが集まっています。村上さんの実践では、保護者や学生、大学の先生といった大人も巻き込んでお勉強が進みます。砂川さんの実践でも、障害のある人もそうでない人も、おじいちゃんもおばあちゃんも、ごちゃまぜになって体験新喜劇が行われます。

このように、ごちゃまぜになって一緒に活動に参加することこそが、本来のインクルーシブ教育です。正もっとも急いで断っておきますが、「みんな一緒」そのものが大事だと言いたいわけではありません。正確には、ごちゃまぜになって一緒に活動するからこそ新たな価値が生まれる、その点にこそ、重要な意義があります。自分とはだいぶ距離のある異質な他者と共に学ぶからこそ、自分にとってまったく予想外の「事件」が起きます。私たちが、言葉の通じない外国に行ったことを想像すればイメージしやすいでしょう。単純に言葉が通じないだけではなく、文化や考え方も違う。その中で、様々な事件が起こるのと同じです。慣れていない学生が新喜劇のお手伝いをするからこそ、悲しい場面なのに間違えて楽しい曲をかけてしまうハプニングが起こります。『**「こ・べ・か」**はなんでしょう？』という問題も、異質な他者から出されると、お互いにとってとんちかんな答えになる「事件」が起こります。ごちゃまぜな集団だからこそ、ユーモアや創造性の芽が出てきます。インクルーシブ教育の原点は「多様な人が一緒に学ぶのが大事」というきれいなお題目ではなく、「多様な人と一緒に活動したほうが面白くなる！」ことを実感できる点にあります。

インクルーシブ教育を、もっと広く考えたいものです。障害の有無はもちろん同年齢という前提をとっぱらって、異年齢や多世代交流などで学び合い、遊び合いたいものです。もちろん、それは簡単なことではありません。しかし、そのヒントをお二人の実践から学ぶことができます。

答えが1つではない学習の価値

ただし、このようなインクルーシブ教育を進めるには、ごちゃまぜの集団をつくるだけではうまくいきません。「答えが1つ」とあらかじめ決まっているようなよくある学習活動であれば、知識量の多い人が有利になり、結局、個々バラバラになります。漢字テスト、計算テストをすれば、知的に高い子どものほうが有利です。一緒に学ぶ意味はほとんどありません。あったとしても、「テストの点の高い子どもが、低い子に教える」といった非対称的な関係の協同学習になります。

様々な特徴のある子どもや大人が参加する集団での活動が成り立つためには、答えが1つではない活動が必要です。「飛んで仮名文」や「体験新喜劇」のように、答えが1つではなく、それぞれの能力をもとに持ち寄って参加・表現できる学習活動や遊びを組織する必要があります。よく考えると当たり前ですが、「飛んで仮名文」も「体験新喜劇」も、答えが1つではありません。「飛んで仮名文」では、問題を出す人が答えを決めてはいます。しかし、それが絶対的な答えではありません。それにそのときだけの答えです。次に取り組んだときに同じ「**こ・べ・か**」という問題が出たとしても、答えは変わります。前回の答えを言っても、正解にはならないでしょうし、なにより面白くありません。体験新喜劇も同じです。台本通りのセリフをそのまま言っても面白くありません。そもそも台本のセリフが途中で切れています（笑）。答えは、なんでもいいです。正確に言えば、自分が表現したものが答えになります。能力差が気になりませんし、もっと言えば、能力の違いこそが、新たなユーモアや創造性を連れてきてくれます。

なお、以上の考えにもとづく具体的な実践については、保育領域では、赤木・岡村（2013）の『「気になる子」と言わない保育』、特別支援学級の教育では、村上・赤木（2011）の『キミヤーズの教材・教具』、通常学級では、石川（2016）『学校でしなやかに生きるということ』などをご参照ください。それぞれ制約がある状況の中で、「答えが1つではない」実践を進めるヒントを得ることができます。

自閉症という障害のとらえなおし

両実践に参加している障害のある子ども・青年の多くは、自閉症スペクトラム障害（以下、自閉症とします）があります。自閉症とは、（1）コミュニケーションの困難、（2）こだわり、があって、いずれもが社会生活に支障をきたす水準にあるというものです。近年、自閉症と診断されている子どもの数は増えており、特別支援学校や特別支援学級では、半数以上の児童・生徒が自閉症と診断されていることも珍しくありません。

自閉症の一般的なとらえ方としては、「柔軟に考えるのが難しい」「いったん決めたやり方を変更しにくい」「あいまいな状況ではどうすればよいかわからない」といったことがあげられます。そのため、自閉症のある子どもを対象とした実践では、「この時間はこれをする」「この場所ではこれをする」といったパターンを決めて教えるという構造化（佐々木、２００８）と呼ばれる指導法がなされる傾向があります。できるだけあいまいさを排して、明確に枠を決めて教えられることが「正しい」とされます。

ところが、砂川・村上両実践に登場する自閉症のある子どもや青年たちは、このような「正しさ」とは大きくずれています。自閉症の診断を受けている子どもや青年たちが、アドリブもしますし、予定外の状況に混乱するどころか楽しんでいます。想像力豊かで、まったく自閉症らしくありません。どういうことなのでしょう？

１つの解釈として、自閉症という障害は私たちが考える以上に「やわらかい」のだということが考えられます。もちろん、１つの興味にこだわることはあります。村上さんの章に出てくる俊大くんの動物に対するこだわりはまさしく自閉症的です。しかし、一方で、その行為を「問題」ではなく、「面白いね」として尊重されると、不思議と、そこからその動物を軸に世界が柔軟に広がっていく様子がわかります。

１９２０年代を中心に活躍したロシアの心理学者ヴィゴツキーは、知的障害のある子どもにこそ、抽象的な思考能力の発達がみられるという逆説ともいえる考えを提起していました（赤木、２０１５）。多くの教育者（当時）は、よかれと思って、知的障害の子どもに、具体的な繰り返し作業ばかりをさせました。しかし、ヴィゴツキーは、そのような一見障害特性にあわせた行為こそが、より知的障害を強めていると批判します。知識量や記憶力は確かに障害ゆえに少ないかもしれないが、それと、思考力の発達とは切り離して考えられるべきものであり、知識量や記憶力によりかからないかたちで、抽象的な思考能力（ヴィゴツキーは高次精神機能と呼んでいます）を高めることができると主張しています。一見、奇天烈な主張ですが、村上実践を見ると、あながち嘘ではないと思えます。

自閉症でも同じ理屈があてはまります。定説にとらわれて、パターンにはめることで、私たち支援者が、より自閉症の特徴を強くしているのかもしれません（赤木、２００８）。詳しくは、今後の研究を待つ必要がありますが、「自閉症＝こだわりが強い＝パターン的指導が大事」と考えすぎないことを、お二人の実践は教えてくれます。

さいごに

お二人の実践を見ていると、いろんな「不思議」や考えが湧き上がってきます。お二人の実践の根っこには、障害のある子どもや青年のもっている知性や表現の力を心底信じて、優しく面白がる精神があります。他者から信じて、面白がってもらえる空間にいるからこそ、子どもたち・青年たちは安心して自分のもっている知性や表現を開花させていくのでしょうね。その開花を通して彼らは、新しい自分に出会っていきます。

〈引用文献〉

・赤木和重（２００８）自閉症における「障害特性に応じた教育」再考：障害特性に応じつつ、障害特性をこえていく教育へ『障害者問題研究』36，１８０－１８８．
・赤木和重（２０１５）ヴィゴツキー障害学からみた知的障害児の発達と教育：すべては高次精神機能のために『発達・療育研究（京都国際社会福祉センター紀要）』31，３－14．
・赤木和重（２０１７ａ）『アメリカの教室に入ってみた：貧困地区の公立学校から超インクルーシブ教育まで』ひとなる書房
・赤木和重（２０１７ｂ）ユニバーサルデザインの授業づくり再考『教育』，８５３，73－80．

・赤木和重（２０１８）『目からウロコ！驚愕と共感の自閉症スペクトラム入門』全障研出版部
・赤木和重・岡村由紀子（２０１３）『「気になる子」と言わない保育：こんなときどうする？　考え方と手立て』ひとなる書房
・雨宮俊彦（２０１６）『笑いとユーモアの心理学：何が可笑しいの？』ミネルヴァ書房
・石川晋（２０１６）『学校でしなやかに生きるということ』フェミックス
・加用文男（１９９０）『子ども心と秋の空：保育の中の遊び論』ひとなる書房
・絹川友梨（２０１７）『インプロワークショップの進め方：ファシリテーターの考えること』晩成書房
・熊谷晋一郎（２０１７）強いられる他者の理解『Ａｔプラス：思想と活動』31，４－19．
・村上公也・赤木和重（２０１１）『キミヤーズの教材・教具：知的好奇心を引き出す』クリエイツかもがわ
・佐々木正美（２００８）『自閉症児のためのＴＥＡＣＣＨハンドブック』学研
・砂川一茂（２０１３）本物の体験「えこーる新喜劇」誕生の軌跡　岡本正・河南勝・渡部昭男（編）『福祉事業型「専攻科」エコールＫＯＢＥの挑戦』クリエイツかもがわ（pp.14-24）
・高尾隆（２０１７）インプロヴィゼーションと学びの関係デザイン　川島裕子（編）『〈教師〉になる劇場：演劇的手法による学びとコミュニケーションのデザイン』フィルムアート社（pp.133-156）

あとがき

赤木和重
Kazushige Akagi

『にもかかわらず、笑う』

ユーモアや即興活動を、本にまとめるのは難しいものです。本にするとユーモアや即興の魅力はたいてい半減します。即興だけで長い文章は書けません。事前に「これを書いて、それからこれを書いて…」と計画性が必要になります。それに、ユーモアに対してうんちくをたれればたれるほど、しょうもなくなります。

つまり、ユーモアや即興活動を本にすると、その活動がいくら魅力的だとしても、失敗におわります。

ですので、『「ユーモア即興」シンポジウムを本にしましょう！』と、執筆者に声かけをしたものの、実は難しいかも…と不安に思っていました👋**オイ！**

しかし、まったくの杞憂でした。シンポジウムのライブ感をＤＶＤで伝えることができたのはもちろん、執筆者のみなさんの文章を、「え？　次はどうなるの？　お〜そうきたか」とか「あ〜なるほど」

とドキドキしたり、ストンと納得しながら読み進めることができました。

もちろん、シンポジウムのライブ感を、本当にＤＶＤや文章に込めることができたかは、読者の判断に任せるほかありません。ぜひ、ＤＶＤを見つつ、文章を読みつつ、ライブ感の有無をチェックしてみてください。

★★★★★★

さて……

それにしても、なんで、「ユーモア即興」というシンポジウムをしようと思ったのか、そして、本まで出そうと思ったのか、われながら不思議です オイ！

もっとカチッとした本や論文を書くほうにエネルギーを注いでもよかったはず。うーん…。

この不思議さに向き合ったとき、真っ先に浮かんだのは「べてるの家」です。「べてるの家」とは、統合失調症の方々が中心となって暮らし、働いている事業所です。北海道浦河町にあります。現在、わが国で注目されつつある「当事者研究」の発祥地でもあります。その「べてるの家」を訪問したときのことを思い出しました。

統合失調症の当事者たちが大事にしているメッセージが部屋にたくさん貼られていました。『自分の苦労をみんなの苦労に』『前向きな無力さ』などユニークかつハッとさせられるものばかりでした。その１つに『ユーモアとは、にもかかわらず笑うこと』というメッセージがありました（もとはドイツの格言からきているようです）。

ああ、なるほど、これがユーモアの神髄や、と思いました。「楽しいから笑う」じゃないんですよねぇ。もちろん、それもあるでしょう。でも、ユーモアの本質は楽しさじゃないんだよなぁ、とストンときました。ユーモアの本質は哀しみなんですよね。

障害のある人は、今の日本社会では、社会的立場が弱いです。周囲の無理解のために理不尽でつらい思いもしてきています。自分の能力のなさを嗤われ、自分のできなさばかり見つめられたことも多かったはずです。特に、新自由主義的な考えが蔓延する今の日本社会では、なおさら社会的弱者に厳しい風が吹きます。

そんな状況に、合理的に・論理的に立ち向かうことも大事です。でも、それがすんなり通るようであれば、障害のある人はここまで苦しんでいません。論理的にすればうまくいく、とだけ考えるのは、情報処理に長けた「強い」人の理屈です。強弁です。

そんな状況の中で光になるのは「(つらく苦しい) にもかかわらず、笑う」というユーモアです。ユーモアには、今の状況から少し距離をとってくれる役割があります。矛盾を矛盾のまま抱え込んで生きていくしなやかさがあります。今の厳しい状況を反転させるように見方を変えてくれる強さがあります。だから、「にもかかわらず、笑う」なのです。

★★★★★

本書を読んで、ぜひワハハと笑ってください。

でも、同時に、その笑いの奥底にある哀しみも想像してもらえればなぁと思います。障害のある子ども・人々や親御さんが味わってきた哀しみ、苦しみ、つらさ、怒りを想像してみてください。そうした想像の先に、砂川さんや村上さんが、この活動を生み出さざるをえなかった思想をつかむことができます。そして、それが、きっと、みなさんの現場に血肉となって還っていく土台になりますし、翻って教育や社会を変えていくやわらかなエネルギーになります。

今、この本を読んでくださっている現場の先生の多くは、決して楽ちんな状況ではないと思います。だからこの本を手にとられたんですよね。でも、いや、だからこそ「にもかかわらず、笑って」みてください。案外、ちょっと肩の力がぬけると思います。それに、今、置かれている自分の状況をコミカルに、ネタ的に見つめることができるはずです。案外、そういうところから状況を動かす糸口がスルスルと紡ぎ出されてくるものです。

こんなねがいを込めて、シンポジウムを企画し、本書を編んだのだと、今さらですが、書きながらわかりました。

★★★★★

本書は、多くの方々のおかげで、日の目を見ることができました。なにより、執筆してくださったみなさまに御礼申し上げます。シンポジウム当日ご登壇・ご参加いただいただけでなく、原稿を書いてほしいという私の無茶で無謀な注文にもかかわらず、ご快諾いただき、さらには期待以上の原稿を書いていただき、ありがとうございました。みなさんに、お願いして本当によかったです。…そして、ここだけの話、ぶっちぎって、私の原稿が遅くてほんとにすみませんでした。

さらに、コラム執筆者の田中真理さん（九州大学）、渡辺貴裕さん（東京学芸大学）には「3週間で書いてください」というユーモア精神のかけらもないお願いにもかかわらず、スイスイ～とご対応をいただきました。お二人のおかげで、本書の位置づけが、実践的・学術的にとても明確になりました。本の輪郭がはっきりしました。ただただ感謝申し上げます。

そして、当日のシンポジウムに参加してくださった子どもや青年たち、そして、シンポジウムに気軽に聞きにきただけなのになぜか巻き込まれてしまった参加者のみなさんにも感謝いたします。みなさんの素敵で愉快なパフォーマンスのおかげで、本書の内容が彩り豊かなものになりました。ありがとうございます。

最後になりましたが、要領の悪い私をユーモア精神（と、時折示される叱咤激励の精神）で見守ってくださったクリエイツかもがわの岡田温実さん、私と岡田さんとの間に穏やかに挟まれつつ、すてきな装丁を創ってくださった菅田亮さん、そして「これぞプロ！」とうならされる技術でDVDを仕上げてくださった株式会社VIEWの八田弦さん、本当にありがとうございました。お三方の力なくしては、この本は絶望的なまでにさらに完成が遅れていたかと思います。出版できてほんとにホッとしております。

2018年11月28日

息子の気持ちよさそうな寝息を聞きながら

赤木和重

付録DVDの取り扱いについて

〈使用環境〉
このディスクはDVDビデオ対応機器で再生が可能です。
一部のプレーヤーまたはPCでは再生できない場合があります。

〈使用許諾契約書〉
本製品に収録された画像データについての一切の著作権は、クリエイツかもがわ、及び著作者に帰属します。

〈使用許諾〉
公共図書館にあっては、DVDの館外貸し出しもできます。

〈禁止事項〉
- 本製品を複製することを禁止します。
- 本製品に収録されているデータを流用し、類似の商品を製造・販売することを禁止します。たとえ一部加工してあってもデータを二次利用できるような形で販売することはできません。
- 公衆送信（インターネットなど）を利用して提供することはできません。
- 収録されているデータを商標、商号その他商品の表示用に使用し、登記、登録することはできません。
- 本製品を公序良俗に反する方法で使用し、または公序良俗に反する業務、活動の用に供する目的での使用はできません。
- なお、上記各禁止事項に該当するか否か判断がつかない場合は、クリエイツかもがわまでご相談ください。

〈免責・その他〉
- クリエイツかもがわは、本製品に関していかなる保証も行いません。
- 本製品の製造上の物理的な欠陥については、良品との交換要求以外には応じられません。
- 本製品を使用した場合に発生したいかなる障害および事故等についても、クリエイツかもがわは一切責任を負いません。

〔プロフィール〕

赤木和重（あかぎ　かずしげ）編著──4章
1975年奈良県生まれ。京都大学教育学部卒業。現在、神戸大学大学院人間発達環境学研究科准教授。専門は発達心理学。主な著書に『目からウロコ！　驚愕と共感の自閉症スペクトラム入門』（全障研出版部、単著）、『アメリカの教室に入ってみた：貧困地区の公立学校から超インクルーシブ教育まで』（ひとなる書房、単著）など。

砂川一茂（すながわ　かずしげ）──1章
関西大学社会学部卒業。放送作家。テレビやラジオ番組の構成と並行し、舞台喜劇の作・演出を数多く手掛ける。ライフワークとして年齢・性別・国籍・障害のあるなしを問わず完全バリアフリーでの「体験新喜劇」の普及に努める。『エコールKOBEの挑戦』（クリエイツかもがわ）第一章を寄稿。

岡崎香奈（おかざき　かな）──1章コメント
福岡県生まれ。ニューヨーク大学大学院音楽療法学科博士課程修了。現在、神戸大学大学院人間発達環境学研究科准教授。専門は即興音楽療法。日本臨床音楽療法学会理事、世界音楽療法連盟資格認定委員。主な著書に『音楽療法のための即興演奏ハンドブック』音楽之友社（共著、若尾裕）、『ケースに学ぶ音楽療法』岩崎学術出版社（編著、阪上正巳）など。

渡辺貴裕（わたなべ　たかひろ）──1章コラム
東京学芸大学教職大学院准教授

村上公也（むらかみ　きみや）──2章
京都教育大学美術科卒業、京都教育大学特別専攻科卒業、京都市立小学校特別支援学級（育成学級）を31年間担任、2009年3月退職。ワイワイクラブバンド代表、行動美術協会会員。現在、京都市内の特別支援学校、支援学級への指導・助言活動を行っている。主な著書に『キミヤーズの教材・教具』クリエイツかもがわ（共著、赤木和重）など。

麻生　武（あさお　たけし）──2章コメント
1949年兵庫県生まれ。京都大学理学部・教育学部卒業。奈良女子大学名誉教授。現在、奈良女子大学特任教授。専門は発達心理学。主な単著に『ファンタジーと現実』（金子書房）、『子どもと夢』（岩波書店）、『乳幼児の心理』（サイエンス社）、『発達と教育の心理学』（培風館）。編著に『発達支援の場として学校』（ミネルヴァ書房）など。

田中真理（たなか　まり）──2章コラム
九州大学教授

茂呂雄二（もろ　ゆうじ）──3章
1956年栃木県生まれ。東京教育大学教育学部心理学科卒業。現在、筑波大学人間系教授、副学長・附属学校教育局教育長。専門は学習心理学、パフォーマンス心理学。主な著書に『人はなぜ書くのか』（東京大学出版会、単著）『具体性のヴィゴツキー』（金子書房、単著）『パフォーマンス心理学入門』（新曜社、編著）など。

ユーモア的即興から生まれる表現の創発
発達障害・新喜劇・ノリツッコミ

2019年2月25日　初版発行

編　著●©赤木和重　Kazushige Akagi
発行者●田島英二
発行所●株式会社 クリエイツかもがわ
〒601-8382 京都市南区吉祥院石原上川原町21
電　話 075(661)5741
FAX 075(693)6605
http://www.creates-k.co.jp　info@creates-k.co.jp
郵便振替　00990-7-150584

装丁・デザイン●菅田　亮
印刷所●モリモト印刷株式会社

ISBN978-4-86342-252-0 C0037　printed in japan

本書のもとになったシンポジウムは、神戸大学大学院人間発達環境学研究科の学術Weeks2016支援経費の助成を受けました。また、本書を構成する研究の一部は、JSPS科研費 JP26380884の助成を受けました。記して感謝いたします。

好評既刊

生活困窮者自立支援も「静岡方式」で行こう!! 2
相互扶助の社会をつくる

津富宏・NPO 法人青少年就労支援ネットワーク静岡／編著

すべての人が脆弱性を抱える社会を生き抜くために、地域を編み直し、創り直すことで、地域が解決者になるための運動とは。 2000円

何度でもやりなおせる　ひきこもり支援の実践と研究の今

漆葉成彦・青木道忠・藤本文朗／編著

ひきこもり経験のある青年、家族、そして「ともに歩む」気持ちで精神科医療、教育、福祉等の視点から支援施策と問題点、改善と充実をめざす課題を提起。 2000円

障がい青年の大学を拓く　インクルーシブな学びの創造

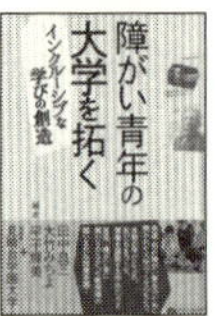

田中良三・大竹みちよ・平子輝美・法定外見晴台学園大学／編著

発達・知的障がい青年のために開かれた大学づくりのもとで本物の学びにふれ、友だちをつくり、青春を謳歌する学生たちと直接、障がい者に関わりのなかった教授陣の類いまれな授業実践！。 2000円

知的障害者の大学創造への道　ゆたか「カレッジ」グループの挑戦

長谷川正人／著　田中良三・猪狩恵美子／編　社会福祉法人鞍手ゆたか福祉会／協力

アメリカの知的障害者の大学受け入れと実情を紹介！ 高校卒業後、ほとんどが大学へ進学する時代…障害者も大学で学ぶ可能性と必要性を明らかにする。 2000円

生活をゆたかにする性教育　障がいのある人たちとつくるこころとからだの学習

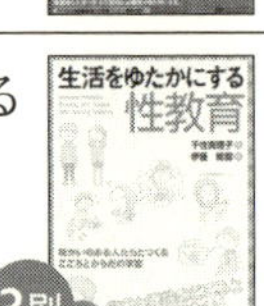

千住真理子／著　伊藤修毅／編

学びの場を保障し、青春を応援しませんか。障がいのある人たちの性教育の具体的な取り組み方を、実践例と学びの意義をまじえて、テーマごとに取り上げる。 1500円

3刷

キーワードブック特別支援教育の授業づくり
授業創造の基礎知識

渡邉健治・湯浅恭正・清水貞夫／編著

授業内容や授業展開の課題、問題点を整理し、特別なニーズのある子どもたちの発達を保障する「授業づくり」が総合的に理解でき、明日からの教育実践に役立つ、教職員、教員をめざす人の必読書、座右の書！ 2200円

キミヤーズの教材・教具
知的好奇心を引き出す

5刷

村上公也・赤木和重／編著　【45 分授業を収録した DVD 付】

なによりも具体的な教材・教具づくりのヒントがいっぱい！

子どもたちの知的好奇心を引き出し、教えたがりという教師魂を刺激する、そして研究者がその魅力と教育的な本質を分析・解説。仲間の教師や保護者が、授業で実際に使った経験・感想レビューが30本。 2800円

［本体価格表示］

好評既刊

あたし研究　自閉症スペクトラム～小道モコの場合 1800円
あたし研究 2　自閉症スペクトラム～小道モコの場合 2000円

小道モコ／文・絵

自閉症スペクトラムの当事者が「ありのままにその人らしく生きられる」社会を願って語りだす―知れば知るほど私の世界はおもしろいし、理解と工夫ヒトツでのびのびと自分らしく歩いていける！

乳幼児期の感覚統合遊び　保育士と作業療法士のコラボレーション

加藤寿宏／監修　高畑脩平・田中佳子・大久保めぐみ／編著

「ボール遊び禁止」「木登り禁止」など遊び環境の変化で、身体を使った遊びの機会が少なくなったなか、保育士と作業療法士の感覚統合遊びで、子どもたちに育んでほしい力をつける。　1600円

学童期の作業療法入門
学童保育と作業療法士のコラボレーション

小林隆司・森川芳彦・河本聡志・岡山県学童保育連絡協議会／編著

作業療法とは何かから感覚統合の理論をわかりやすく解説、作業療法の「感覚遊び、学習、生活づくり」で新たな学童保育の実践を拓く！　1800円

特別支援教育簡単手作り教材 BOOK
ちょっとしたアイデアで子どもがキラリ☆

東濃特別支援学校研究会／編著

授業・学校生活の中から生まれた教材だから、わかりやすい！すぐ使える！「うまくできなくて困ったな」「楽しく勉強したい」という子どもの思いをうけとめ、「こんな教材があるといいな」を形にした手作り教材集。　1500円

障害のある子どもの教育目標・教育評価
重症児を中心に

三木裕和　越野和之　障害児教育の教育目標・教育評価研究会／編著

障害児教育分野での教育目標・教育評価のトレンド「客観性」「測定可能性」「成果」を、研究者と実践家が様々な角度から鋭く論考。　2000円

実践、楽しんでますか？
発達保障からみた障害児者のライフステージ

全国障害者問題研究会兵庫支部
木下孝司・川地亜弥子・赤木和重・河南勝／編著

発達保障をテーマにした、乳幼児期、学齢期、青年・成人期、3つのライフステージでの実践報告と、3人の神戸大学の研究者の解説＆講演、座談会。　2000円

福祉事業型「専攻科」エコール KOBE の挑戦

岡本正・河南勝・渡部昭男／編著

障害のある青年も「ゆっくりじっくり学びたい、学ばせたい」願いを実現した学びの場「専攻科」、ゆたかな人格的発達をめざす先駆的な実践。高等部卒業後、就職か福祉就労の2つしかなかった世界で生まれた、新たな「学びの場」＝「進学」という第3の選択肢。その立ち上げと運営、実践内容のモデル的な取り組み。　2000円

［本体価格表示］

「と・に・い」
さて何でしょう？

と…東映（太秦）映画村に
に…忍者屋敷に
い…行きたい

正解！

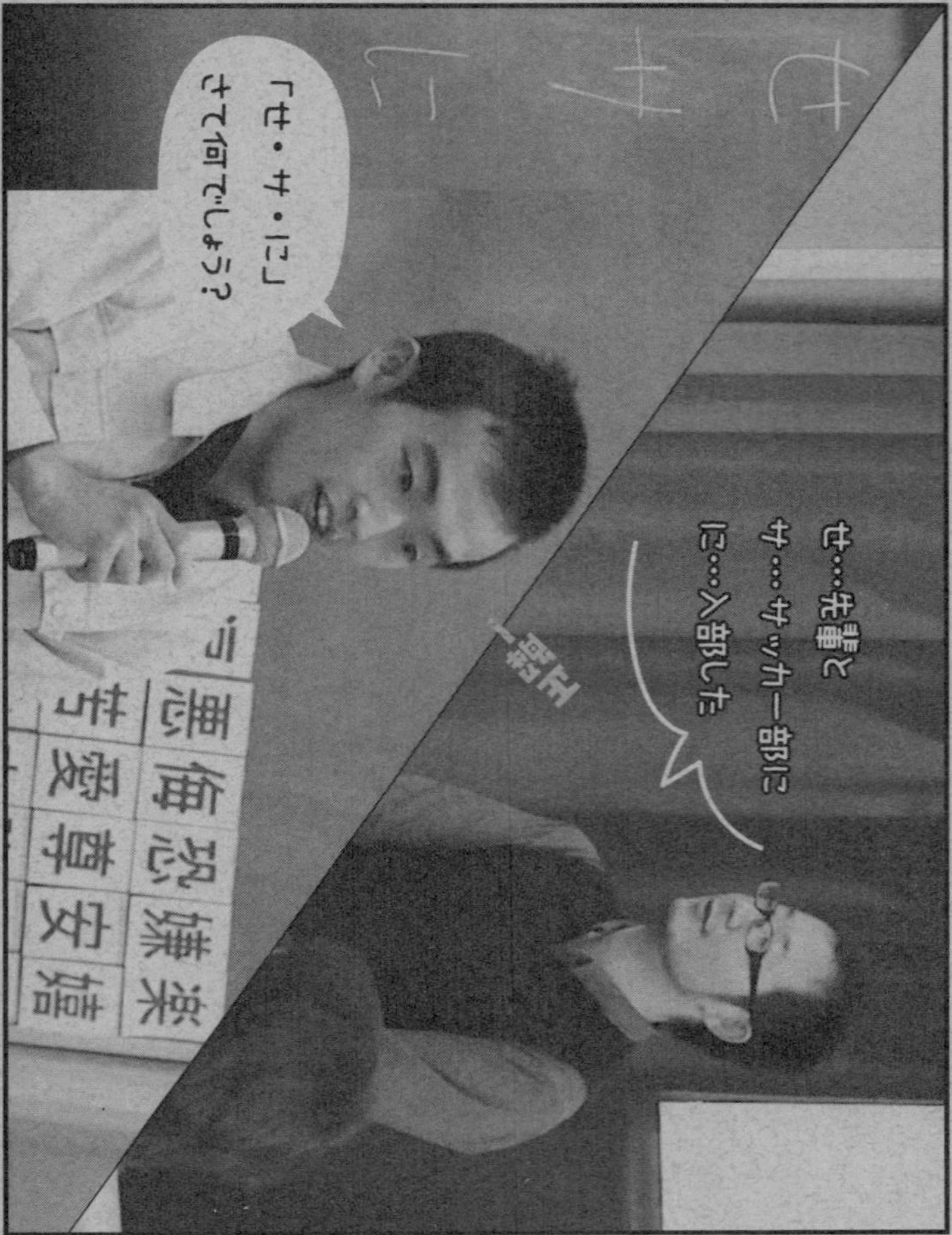

「せ・サ・に」
さて何でしょう？

せ…先輩と
サ…サッカー部に
に…入部した

正解！